Tobias Neth, S. Keller, A. Schmalz

Contracting, Finanzierung, Betreibermodelle

GRIN Verlag

Bibliografische Information der Deutschen Nationalbibliothek:

Die Deutsche Bibliothek verzeichnet diese Publikation in der Deutschen Nationalbibliografie; detaillierte bibliografische Daten sind im Internet über http://dnb.d-nb.de/ abrufbar.

Impressum:

Druck und Bindung: Books on Demand GmbH, Norderstedt Germany
ISBN: 978-3-638-86656-9

Dieses Buch bei GRIN:

http://www.grin.com/de/e-book/74750/contracting-finanzierung-betreibermodelle

Hochschule
Albstadt-Sigmaringen
Albstadt-Sigmaringen University

Fakultät 3

Facility Management

Vertragsmanagement

WS 2006/2007

Contracting

„Druckluft-Contracting, Finanzierung, Betreibermodelle“

Verfasser:

Stefan Keller,

Tobias Neth,

Alexander Schmalz

Coverbild: pixabay.com

Inhaltsverzeichnis

1 Einleitung ... 6
1.1 Einführung ... 6
1.2 Entstehung und historische Entwicklung ... 6
1.3 Ursprung ... 7
2 Markt und Rahmenbedingungen ... 10
2.1 Marktpotenzial ... 10
2.2 Anbieter ... 10
2.3 Zugang zum Markt durch die Partner ... 14
2.3.1 Marktzugang ... 14
2.3.2 Marktpartner ... 15
2.4 Risiken ... 15
2.4.1 Bonitätsrisiko ... 16
2.4.2 Betriebsrisiko ... 16
2.4.3 Technisches Risiko ... 17
2.5 Wirtschaftlichkeit ... 17
2.6 Der Energieberater ... 21
3 Contracting-Arten ... 25
3.1 Begriffsabgrenzung ... 25
3.2 Energieliefercontracting ... 30
3.3 Einspar-Contracting ... 31
3.4 Finanzierungs-Contracting ... 31
3.5 Versorgungs-Contracting ... 31
4 Ablauf eines Contracting-Projektes ... 32
4.1 Darstellung der Einsparstrategien ... 32
4.2 Projektumsetzung ... 33
4.2.1 Projektvorbereitung ... 33
4.2.2 Grobanalyse ... 36
4.2.3 Vorvertrag ... 38
4.2.4 Feinanalyse und Erstellung eines Energiekonzepts ... 39
4.2.5 Ausschreibung ... 40

4.2.6 Auswertung der Angebote 43
4.2.7 Vergleich mit Eigenregielösung 44
4.2.8 Entscheid über Realisierung der Energiesparmaßnahme 46
4.2.9 Aushandeln des Contracting-Vertrages 46
4.3 Rechtliche und vertragsrelevante Besonderheiten 47
4.3.1 Rechtliche Rahmenbedingungen 47
4.3.2 Vertragsgestaltung 51
4.4 Risikoverteilung 57
4.4.1 Betriebsrisiko 59
4.4.2 Technisches Risiko 60
4.4.3 Insolvenz-/ Ausfallrisiko 60
4.4.4 Klimaveränderungsrisiko 61
4.4.5 Entwicklung der weichen Kosten 61
4.4.6 Wirtschaftliches Risiko 61
5 Druckluft-Contracting, Finanzierung, Betreibermodelle 62
5.1 Druckluft – Versorgung in Eigenregie 62
5.2 Outsourcing 64
5.3 Mieten von Druckluftanlagen/ Anlagenkomponenten 64
5.4 Techn. Anlagenmanagement (Betriebsführungs-Contracting) 65
5.5 Finanzierungs-Contracting 67
5.6 Energieliefer-Contracting 69
5.7 Einspar-Contracting 71
5.8 Vergleich der versch. Finanzierungs- und Betreibermodellen 75
6 Zusammenfassung: Contracting als Win-Win Situation 77
6.1 Vorteile für den Kunden (Contracting-Nehmer) 77
6.2 Vorteile für den Contractor 78
7 Quellenverzeichnis 80

Abbildungsverzeichnis

Abbildung 1: Schema Energieliefer-Contracting 30

Abbildung 2: Grundprinzip Einspar- Contracting Variante A + B 73

Tabellenverzeichnis

Tabelle 1: Interessensvergleich ... 19

Tabelle 2: Typologie Contracting-Konzepte ... 27

Tabelle 3: Druckluftversorgung in Eigenregie ... 63

Tabelle 4: Mieten von Druckluftanlagen oder Anlagenkomponenten ... 65

Tabelle 5: Technisches Anlagenmanagement ... 67

Tabelle 6: Finanzierungs-Contracting ... 68

Tabelle 7: Energieliefer- Contracting ... 70

Tabelle 8: Einspar- Contracting ... 74

Tabelle 9: Vergleich der Betreiber- und Finanzmodelle ... 76

1 Einleitung

1.1 Einführung

Diese schriftliche Ausarbeitung wurde im Rahmen unseres Facility Management Studiums in der Vorlesung „Vertragsmanagement" als Prüfungsleistung verfasst. Sie soll eine Übersicht über die Anwendungsgebiete und die Entstehung des Contractings, sowie dessen Bedeutung im heutigen modernen Vertragsmanagement wiedergeben. Anhand konkreter Beispiele werden wir die Bedeutung, sowie den Ablauf von Contracting-Projekten darstellen. Nachdem wir die Ursprünge und die Marktsituation des Contractings näher beschreiben (Kapitel 1 und 2), werden wir in Kapitel 3 die diversen Contracting-Varianten erläutern. Des Weiteren wollen wir, um einen Bezug zur Praxis aufzubauen, zwei Beispiele vorstellen, welche die vorhergegangenen Grundlagen in praktischer Weise erklären sollen. Im 4. Kapitel wird der allgemeine Ablauf eines Contracting-Projektes in der Immobilienwirtschaft umrissen. Darüber hinaus erläutern wir im 5. Kapitel ein Beispiel, in welchem wir ein konkretes Projekt aus dem Anlagenmanagement (Druckluft-Contracting) abhandeln.

1.2 Entstehung und historische Entwicklung

Gegen Ende der siebziger Jahre legte die US-amerikanische Regierung den Schwerpunkt ihrer energiepolitischen Reformen auf das Aufspüren und Ausnutzen von Energieeinsparpotentialen. Dies erfolgte angesichts des erneuten drastischen Ölpreisanstiegs und der, verglichen mit anderen westlichen Industriestaaten, deutlich höheren Energieintensität der amerikanischen Volkswirtschaft. Um Investitionen in energieeffizienzsteigernde Maßnahmen anzuregen, wurden nachhaltige Steuervergünstigungen eingeräumt. Neben dem für alle privatwirtschaftlichen Investitionen gewährten Steuerkredit in Höhe von zehn Prozent der Investitionssumme war bis zum Jahr 1983 zusätzlich eine Steuerabzugsmöglichkeit von weiteren zehn Prozent für Investitionen in bestimmte energieeffizienzsteigernde Technologien verfügbar.

Dieser Steuervorteil bildete eine Triebfeder für die Entstehung des Contracting-Konzeptes und das Auftreten verschiedener Anbieter für diesen neuartigen Dienstleistungsansatz.

Neben Herstellern von energietechnischen Anlagen, Consulting-Unternehmen sowie Elektrizitäts- und Erdgasversorgungsunternehmen entstand in den USA ein neuer Dienstleistungszweig, dessen alleiniger Geschäftszweck im Angebot von Contracting-Leistungen bestand.

1.3 Ursprung

Contracting basiert auf einer Idee des schottischen Erfinders James Watt. „Wir werden Ihnen kostenlos eine Dampfmaschine überlassen. Wir werden diese installieren und für fünf Jahre den Kundendienst übernehmen. Wir garantieren Ihnen, dass die Kohle für die Maschine weniger kostet, als Sie gegenwärtig an Futter (Energie) für die Pferde aufwenden müssen, die die gleiche Arbeit tun. Und alles, was wir von Ihnen verlangen, ist, dass Sie uns ein Drittel des Geldes geben, das Sie sparen." (James Watt, 1736–1819)

In Deutschland wurde ab etwa 1980 betriebswirtschaftliche Modelle basierend auf dem in den USA verwendeten Performance-Contracting entwickelt. Erste Modelle des Wärme - Contractings entstanden. Im folgenden Jahrzehnt entwickelte sich der Anbieter – Markt. Fast 500 Anbieter traten in den 1990er Jahren auf dem Markt auf, eine ganze Reihe davon sind zwischenzeitlich wieder verschwunden. In der Branche hat ein Konzentrationsprozess eingesetzt, den die leistungsfähigsten Unternehmen (Umsätze > 80 Mio. € p.a.) überstanden haben. Hier besonders die Firmen Siemens und Honeywell.

Nach drei Jahrzehnten kontinuierlich steigender Primärenergieverbräuche hat sich der Verbrauchsanstieg in der Bundesrepublik Deutschland seit 1973 deutlich verlangsamt. Zugleich ist das Bruttosozialprodukt in den alten Bundesländern um mehr als 50% angewachsen, hat die Anzahl von Haushalten um mehr als 5 Millionen zugenommen und ist die Ausstattung mit Verbrauchsaggregaten – insbesondere Kraftfahrzeuge – deutlich gestiegen. Damit hat die Energieintensität - gemessen als Primärenergieverbrauch je 500,- € Bruttoinlandsprodukt – der deutschen Volkswirtschaft um etwa 31% abgenommen.

Den Auslöser für verstärkte Energieeinsparanstrengungen bildete die mit der Ölkrise 1973/74 ausgelöste Verknappung des Energieangebotes und die damit einhergehenden drastischen Energiepreisverteuerungen. Eine ähnliche Entwicklung lässt sich zur momentanen Zeit beobachten, nachdem durch den Hurrikan „Kathrina" Ölreserven der USA betroffen waren.

Seit dieser Zeit hat sich der energietechnische Fortschritt kontinuierlich fortgesetzt. Energietechnischer Fortschritt bedeutet, dass sich mit dem gleichen Ressourceneinsatz mehr Output produzieren lässt oder das bisherige Produktionsergebnis mit weniger Ressourcen bereitgestellt werden kann. Eine zunehmende Diffusion dieser Innovationen bewirkte ein Absinken der spezifischen Energieverbräuche in nahezu allen Anwendungsbereichen.

Die vielfach geforderte Effizienzrevolution ist demnach bereits zur Realität geworden und wird sich auch zukünftig fortsetzen, denn mit der zunehmenden Diffusion energietechnischer Innovationen schreitet die Entkoppelung von Energieverbrauch und Wirtschaftswachstum weiter voran. Wie schnell der Diffusionsprozess voranschreitet, hängt nicht nur von der Nutzen-/Kostenrelation der Investition, sondern entscheidend von dem Wissen um energietechnische Innovationen, der Verfügbarkeit von investiven Mitteln und einer Reihe von weiteren Faktoren ab. Diese Faktoren gilt es positiv zu beeinflussen, um die Diffundierung energieeffizienter Technologien zu beschleunigen. Hierzu bieten neue Dienstleistungen wie das Energie-Contracting einen denkbaren Ansatzpunkt.

Energie-Contracting bedeutet Planung, Finanzierung und Realisierung von Energieeinsparmaßnahmen und Energiedienstleistungen durch Dritte, sowohl direkt beim Energieverbraucher als auch in Einzelfällen beim Energieerzeuger.

Dieser ursprüngliche US-amerikanische Modellansatz basiert auf der Idee, Energieeinsparpotentiale bei Dritten mit wirtschaftlichem Erfolg auszuschöpfen.

Contracting-Konzepte verschieben die traditionellen Berührungspunkte zwischen Energieangebot und Energienachfrage. Dieser Sachverhalt lässt sich treffend mit dem erschließen von Märkten hinter den Gas- und Stromzählern umschreiben. Zwangsläufig entsteht hierbei eine Reihe von ökonomischen und rechtlichen Problemen, die identifiziert und bewertet werden sollen. Mittlerweile haben Contracting-Konzepte schon lange die Laborphase verlassen und werden von einer stetig wachsenden Zahl unterschiedlicher Anbieter praktiziert. Deshalb interessiert neben theoretischen Überlegungen vor allem die praktische Umsetzung dieses Dienstleistungsansatzes.

Das nachfolgende Kapitel 2 stellt zunächst den Markt und die Rahmenbedingungen des Contracting dar. Es wird ein Querschnitt aller bisherigen praktizierten Contracting-Aktvitäten dargestellt und das eigentliche Contracting von ähnlichen Dienstleistungen abgegrenzt.

2 Markt und Rahmenbedingungen

2.1 Marktpotenzial

Obwohl Contracting in Deutschland bereits seit Anfang der 90'er Jahre bekannt ist und seit Anfang an für die Ziele Kostensenkung, rationelle Energieverwendung, Umweltschutz und Kundenbindung steht, kann von einem wirklichen Durchbruch – trotz eines Wachstums des Marktes für Energiedienstleistungen – indes bis heute nicht gesprochen werden. Die Gründe hierfür sind vielfältig.

Jüngste Studien gehen von einem derzeitigen Marktanteil von etwa 10 Prozent am bislang realisierten Vertragsbestand aus. Der Erschließungsgrad für Contracting allgemein beträgt wiederum erst 6 bis 7 Prozent (Stand: 2005) des insgesamt geeigneten Gebäudepotenzials von ca. 1,4 Mio. Objekten in Deutschland.

Derzeit bemühen sich rund 500 in Deutschland tätige Contractoren aus unterschiedlichen Herkunftsbranchen, Kunden aus Reihen der Wohnungswirtschaft, der öffentlichen Verwaltungen, der Krankenhäuser oder aus Gewerbe und Industrie von den wirtschaftlichen, organisatorischen oder auch ökologischen Vorteilen dieser Betreiber- und Finanzierungsmodelle zu überzeugen.

Das Hauptgeschäft der meisten Contractoren stellt das weitgehend standardisierte Wärmeliefer-Contracting dar. Die Lieferung der Nutzenergie Wärme beinhaltet rund 85 Prozent aller abgeschlossenen Contracting-Verträge. Die Nutzenergie Druckluft ist gerade bei Industriekunden in letzter Zeit in den Blickpunkt von Anbietern und Kunden gerückt.

2.2 Anbieter

Contracting wird seit Anfang der neunziger Jahre von Unternehmen aus verschiedenen Branchen angeboten und wird meistens als eigenständige Energiedienstleistung neben den anderen Geschäftsfeldern vermarktet.

Es kann jedoch zwischen den einzelnen Contratoren zu erheblichen Abweichungen der Leistungsschwerpunkte und des vorhanden Know-hows kommen, dies könnte an der jeweiligen Produktidee, Zielgruppe oder auch an der Herkunftsbranche liegen.

Hier ist es natürlich zu beachten, dass nicht jeder Contractor alles kann obwohl es von ihm erwartet wird, und es gilt auch, dass nicht alle Contractoren ihre Arbeit gleich gut bewerkstelligen! Wie oben schon erwähnt ist eine Vielzahl von Contractoren aus verschiedenen Branchen am Energiemarkt tätig. Im Folgenden werden einige davon vorgestellt.

ENERGIEDIENSTLEISTER

Energiedienstleister zählen zu den Unternehmen deren Kerngeschäft ausschließlich Energiedienstleistungen wie das Contracting vermarkten. Die Angebotsfaktoren wie z.B. vorhandenes Know-how, wirtschaftliche Stärke, die Betriebsgröße und auch die Unternehmensphilosophie sind abhängig von dem Umfang des jeweiligen Angebotes. Anbieter dieser jungen Branche sind meist eigenständige Unternehmen, häufig auch konzernzugehörige Tochterbetriebe. Handelt es sich um eine Muttergesellschaft, ist ihre Zugehörigkeit meist einem Energieversorgungs- und Immobilienunternehmen oder sogar dem Anlagenbau zuzuordnen.

Einspar-Contractoren zählen auch zu dieser Branche, da sich meistens ihr ursprüngliches Kerngeschäft auf die Herstellung von Komponenten oder Geräten zur MSR-Technik beläuft. Aus diesem Grund werden in dieser Branche zahlenmäßig die meisten Contracting-Verträge abgeschlossen.

ANLAGENBAUER

Wegen der bestehenden Erfahrungen im klassischen Anlagenbau sowie den vorhandenen eigenen Planungsabteilungen ist bei diesen Anbietern die meiste fachliche Kompetenz vorhanden.

Bei dieser Branche wird für die Industrie, Gewerbe, öffentliche Gebäude, Verwaltungen, Messen und vielen anderen das Contracting für große Projekte bevorzugt angeboten. Diese Kunden werden durch Ausschreibungsbeteiligungen mit einbezogen oder direkt darauf angesprochen. Ein Grund dafür ist: Es wurden bereits in der Vergangenheit bei den jeweiligen Kunden schon Anlagen geplant und installiert und das Ende deren Lebensdauer ist inzwischen erreicht.

REGIONAL- UND VERBUNDVERSORGUNGSSYSTEME

Das Hauptziel dieser Branche ist die langfristige Bindung wichtiger Kunden an die jeweilige Energieart und natürlich an das Unternehmen selbst. Viele solcher Unternehmen nützen das Contracting auch als Mittel um neue Kunden in unzugänglichen Versorgungsgebieten zu gewinnen. Hierfür wurden von den Versorgungsunternehmen für den Geschäftszweig Contracting meist Beteiligungsgesellschaften oder Dienstleistungsunternehmen gegründet.

Auch nutzen die Regional- und Verbundversorgungsunternehmen ihre Kompetenzen sowie die eigenen guten finanziellen und personellen Ausstattungen um die Kunden zufrieden zustellen aber auch um mittlere und große Projekte für sich sicher zu stellen.

Diese Unternehmen haben sich nicht für eine Branche spezialisiert, sondern ihre Zielgruppen sind weit gestreut und unabhängig vom Gebäude- und Anlagentyp. Für Wartungen, Installationen sowie für den Störungsdienst werden meist örtliche Handwerke in die Projekte miteinbezogen.

HANDWERKSBETRIEBE

Im Heizungsbaugewerbe sowie beim Energie-/ Wärmeliefer-Contracting sind diese Betriebe ein wichtiger Partner. Sie sind nicht nur „Erfüllungsgehilfen“ anderer Contractoren, sondern führen diesen Geschäftsbereich auch eigenständig durch. Positiv für Handwerksbetriebe sind natürlich ihre Fachkompetenzen, ihr enger Kundenkontakt sowie die handwerkliche Fertigkeit. Ein weiteres Plus für diese Unternehmen wäre das Vorhandensein von Planungskenntnisse. Sind diese Kenntnisse nicht vorhanden, so entstehen und existieren sehr viele erfolgreiche Handwerker-Kooperationsmodelle. Handwerksbetriebe erstellen meistens Energieliefer-Contractingmodelle für kleine bis mittlere Liegenschaften.

STADTWERKE

Auch die Stadtwerke sind bemüht Contracting-Modelle anzubieten um die vorhandene Kundschaft langfristig an sie zu binden und natürlich auch um die Absatzeinbußen im bisherigen Stammgeschäft so niedrig wie möglich zu halten. Viele sind sogar mit ihrem Multi-Utility-Ansatz sehr erfolgreich.

Im Gegensatz zu den Regional- und Verbundversorgungsunternehmen konzentrieren sich die Stadtwerke auf das abgestammte Versorgungsgebiet. Die Akquisition erfolgt in der Regel über vorhandene Kundenkontakte, über Anmeldedaten von Neukunden oder auch über direkte Informationen durch das örtliche Handwerk bzw. über ortsansässige Planer.

Die Stadtwerke werden meist als separate Branche hervorgehoben da sie viel engere Beziehungen zu den Kommunen, den Handwerkern und natürlich zu den Bürgern haben.

FINANZDIENSTLEISTUNGSUNTERNEHMEN

Am Contracting-Markt beteiligen sich auch mittlerweile Kreditinstitute sowie Leasing- und Fondsgesellschaften indem sie spezifische Finanzierungslösungen für energietechnische Investitionen anbieten. Z.B. werden von ihnen Leasing-Modelle angeboten oder sie beteiligen sich an den oben genannten Projektgesellschaften. Bei diesem Anbieter werden meistens Partner miteinbezogen, die das benötigte technische Know-how besitzen. Finanzdienstleister treten allerdings bis heute nicht als eigenständige Contractoren auf.

ENERGIEAGENTUREN

Gegründet wurde diese Art von Agenturen Anfang der neunziger Jahre, und zwar vielerorts nicht nur regional sondern landesweit. Die Haupttätigkeit der Energieagenturen liegt in der Beratung und Durchführung von Contracting-Projekten zur rationellen Energieverwendung oder zur Nutzung regenerativer Energien. Aus diesem Grund haben sich solche Agenturen als hervorragende Partner für zukunftsweisende Projekte bewährt.

Einige Energieagenturen übernehmen neben der Projektentwicklung auch Aufgaben weitergehenden Dienstleistungen bis hin zur eigenständigen Contracting-Leistung für innovative technische Anwendungen.

Probleme die bei manchen Contracting- Anbietern auftreten könnten:

1. Bei Energieversorgern	Verstärkung vorhandener Monopolstrukturen Bindung an Energieträger Rechnen gegen die eigenen Deckungsbeiträge
2. Anbieter von Energietechnik	Fixierung auf das eigene Produkt keine problemangepasste Systemlösung
3. „unabhängige" Dienstleister	oft enge Bindung an Finanzierungsinstitut, Ingenieur-Büro, u.a.
4. Eigenes Proficenter	nur bei größeren Organisationen möglich und sinnvoll

2.3 Zugang zum Markt durch die Partner

2.3.1 Marktzugang

Bei Verhandlungsgesprächen sowie Versuchen, einen neuen Contracting-Vertrag abzuschließen – sprich Neukunden zu gewinnen, kann der Contractor auf Vorurteile stoßen, welche von erkannt werden müssen um sie gezielt ausräumen zu können. Meistens wird von den potenziellen Kunden ein wichtiger Faktor genannt, und zwar sei ihnen Contracting generell zu teuer, und sie planen und erbauen die gebrauchten Energieanlagen lieber in Eigenregie. Der Marktzugang kann durch viele Hürden erschwert werden. Beim Mietwohnungsbau kann z.B. die erforderliche Zustimmung der Mieter bei der Wärmelieferung den Zugang erschweren. Aber auch die langwierigen Genehmigungsverfahren können den Entscheidungsprozess blockieren.
Um das Geschäftsfeld Contracting erfolgreich einführen zu können, sollte beim an-

bietenden Unternehmen alles reibungslos funktionieren, vor allem die Zusammenarbeit zwischen mehreren Abteilungen wie z.B. Vertrieb, Technik und die Verbrauchsabrechnung. Auch die Kunden- und Serviceorientierung sind entscheidende Faktoren für den Erfolg.

2.3.2 Marktpartner

Um Contracting-Projekte erfolgreich durchführen zu können, wird die Zusammenarbeit mit verschiedenen Partnern vorausgesetzt. Dazu zählen:

1 Planer (Ingenieurbüros)
2 Kreditinstitute
3 Energieagenturen
4 Betriebe des Fremdhandwerks
5 Leasingunternehmen

Um die Rahmenbedingungen sorgfältig zu analysieren, erfordert die Entwicklung von Contracting-Angeboten z. B. die Beantwortung folgender Fragen:

1 Wie viele Betriebe sind mit welcher Betriebsstruktur am Markt tätig?
2 Wie ist das Interesse der Innungen und Betriebe an der Entwicklung innovativer Dienstleistungsprodukte einzuschätzen?
3 In welcher Weise können die Betriebe optimal eingebunden werden?
4 Welche Aufgabenteilung ist sinnvoll?
5 Wie kann sie vertraglich geregelt werden?

2.4 Risiken

Jedes Contracting-Modell bringt für Auftraggeber und Contractor Risiken mit sich. Die Aufteilung der jeweiligen Risiken sollte zwischen den Projektpartner erfolgen. Hierbei ist zu beachten, dass der einzelne Partner jeweils die Projektrisiken übernimmt, welche er am ehesten beeinflussen und minimieren kann.
Die Risiken lassen sich folgendermaßen aufteilen:

1 Bonitätsrisiko
2 Betriebsrisiko
3 Technisches Risiko

2.4.1 Bonitätsrisiko

Das Bonitätsrisiko besteht im Hinblick auf die langfristige Zahlungsfähigkeit des Nutzers. Risiken bei Investitionen im kommunalen Bereich sind gering anzusehen. Bei Investitionen im Industriebereich ist das Bonitätsrisiko dagegen hoch einzustufen. Um das Bonitätsrisiko einzuschränken kann der Contractor eine Projektgesellschaft in der Rechtsform einer Kapitalgesellschaft gründen. Hierbei kann das Risiko des einzelnen Projektes auf das eingebrachte Eigenkapital der Gesellschafter beschränkt werden. Bei dieser so genannten Projektfinanzierung wird der Hauptanteil des Bonitätsrisikos auf das finanzierende Kreditinstitut übertragen. Das übertragene Risiko wird jedoch von den Kreditinstituten durch Ausfallbürgschaften der Gesellschafter und/oder höheren Refinanzierungszinsen abgesichert.

Wird keine Projektgesellschaft nach Abschluss des Vertrages gegründet, trägt der Contractor das gesamte Bonitätsrisiko des Kunden. Neben dem Forderungsausfall können auch die Planungskosten, die zwischen 15 bis 20% der Investitionskosten betragen, verloren gehen. Hinzu komm, dass die Anlage anderweitig nicht mehr zu verwenden ist und der Contractor die Finanzierungs- und Kapitalkosten für die Energieerzeugungsanlage für die Restlaufzeit des Vertrages zu tragen hat. Aus diesem Grund sollten Bürgschaften oder ähnliche Sicherheiten absolute Bedingung sein. Des Weiteren oder gerade aus diesen Gründen sollte das Contracting auf keinen Fall als letztes Finanzierungsmittel angesehen werden, wenn die Hausbank dem Nutzer keinen Kredit mehr für z.B. die Erneuerung der Energieerzeugungsanlage bereitstellen will.

2.4.2 Betriebsrisiko

Langfristige Gewährleistungen der geplanten Anlagenauslastung und das Preisrisiko werden als das Betriebsrisiko bezeichnet. Diese Risiken sind vom Contractor nicht zu beeinflussen, da die Auslastung der Anlage abhängig von den Entscheidungen des Eigennutzers ist. Da sich auch die Energiepreisentwicklung an der internationalen Marktsituation orientiert, kann diese von einem Contractor auch im Falle eines Versorgungsunternehmens kaum beeinflusst werden. Aus diesem Grund sollte der Contractor versuchen, sie in der Preiskalkulation und -gestaltung ausreichend zu berücksichtigen, z.B. durch Preisgleitklauseln.

Durch vertragliche Vereinbarungen werden daher das Beschäftigungs- und Preisrisiko dem Eigennutzer zugeordnet. Der Contractor ist dadurch aber nicht schlechter gestellt, als wenn er die Energieinvestition allein übernehmen würde. Das Betriebsrisiko kann auch auf den Eigennutzer durch eine Preisgestaltung in einen Grund- und Arbeitspreis übertragen werden. Der Grundpreis beinhaltet alle Fixkosten, somit alle Nichtenergiekosten sowie die Verzinsung des Kapitaleinsatzes des Contractors. Die variablen Kosten, also die reinen Energiekosten und die Kosten für Wartungen, werden im Arbeitspreis zusammengefasst. Auswirkungen einer Energiepreisänderung werden als Preisrisiko bezeichnet. Diese können vertraglich als Contracting-Rate vereinbart werden und sind vom Auftraggeber zu tragen, da der Contractor dies auch nicht beeinflussen kann. Sollte ein Kunde jedoch eine feste Preiszusage vom Contractor verlangen oder will der Contractor seine Energiebezugspreise sichern, so können Preissicherungsinstrumente vereinbart werden. Diese Instrumente dienen dazu das Festpreise fixiert oder Schwankungsbreiten reduziert werden können.

2.4.3 Technisches Risiko

In der Bauphase und während der laufenden Betriebszeit der Anlage besteht das so genannte technische Risiko. Unter dieses Risiko fallen z.B. Instandhaltungsmaßnahmen sowie unvorhersehbare Betriebsstörungen. Aber durch die hohen technischen Kompetenzen eines Contractors ist dieses Risiko für ihn normalerweise überschaubar, denn sollte zusätzlich der Einsatz eines qualifizierten General- oder Subunternehmens die Möglichkeit bieten, die Einhaltung technischer Parameter und die Kostenvorgabe sicherzustellen. Die Gewährleistung über die Funktionstüchtigkeit der Anlage übernimmt der Contractor über die gesamte Vertragslaufzeit.

2.5 Wirtschaftlichkeit

Die Wirtschaftlichkeit von Contracting-Projekten hängt von vielen Faktoren ab. Maßgeblich nehmen vor allem folgende Punkte darauf Einfluss:

- Investitions- und Betriebskosten
- Finanzierungskosten in Abhängigkeit von der Finanzierungsart (Fremd- oder Eigenfinanzierung)
- Laufzeit des Vertrages

- darstellbare Energiekosten
- Brennstoffpreise und deren Entwicklung
- Einspeisevergütungen
- darstellbare Risikozuschläge in Abhängigkeit von der Bewertung des Kunden
- mögliche Risikominimierung durch Diversifizierung
- evtl. Verfügbarkeit von Fördermitteln

Darüber hinaus unterliegt die Wirtschaftlichkeit solcher Projekte auch einer unternehmensstrategischen Bewertung des Geschäftsfeldes Contracting, welche sich an Faktoren wie Kundenbindung, Absatzsicherung oder Vertiefung der Wertschöpfungskette orientiert. Die Margen können mit der Anlagengröße und dem Marktumfeld variieren.

Contracting-Angebote konkurrieren nicht nur untereinander, sondern sie stehen auch und vor allem im Wettbewerb mit der Durchführung von Investitionsvorhaben und dem nachfolgenden Betrieb der Anlagen in eigener Regie des Nutzers. Bei dieser klassischen Form der Abwicklung von energietechnischen Investitionsprojekten geht der Nutzer regelmäßig Geschäftsbeziehungen zu Partner aus dem Bereich des Anlagenbaus ein. Hier bestehen allerdings teilweise andere Interessenlagen als in einem konventionellem Contracting- Modell.

Bemerkenswert ist, dass man bei einem Vergleich der jeweiligen Interessenslagen, wie anhand der nachstehenden Tabelle dargestellt wird, eine weitgehende Übereinstimmung der ökonomischen Interessen von Contracting-Geber und Contracting-Nehmer hinsichtlich der Kosten beim Bau und beim Betrieb von Anlagen unterstellen darf. Darüber hinaus werden diese Übereinstimmungen durch eine Komplementarität der beiden Akteure beim Technik- und Betriebs-Know-how. verstärkt Positiv auswirken wird sich diese Übereinstimmung aber sicher nur dann, wenn sich diese Grundkonstellation in einem Vertragsmodell umsetzen lässt, das die Interessenkonkurrenz festschreibt.

	Baukosten Anlagenkosten	Betriebskosten	Technik-Know-how	Betriebs-Know-how
Eigentümer bzw. Nutzer der Anlage	Minimierungs-Interesse	Minimierungs-Interesse	meist nicht vorhanden	vorhanden
Anlagenbauer bzw. Technologie-Lieferant	Maximierungs-Interesse	Desinteresse	in hohem Maße vorhanden	begrenzt vorhanden
Gesamtunternehmer bzw. Gesamtübernehmer	Minimierungs-Interesse (bei entsprechenden Vertrag)	Desinteresse	in hohem Maße vorhanden	meist nicht vorhanden
Contracting-Geber	Minimierungs-Interesse (Vorteil für Nutzer mit gutem Vertrag)	Minimierungs-Interesse (Vorteil für Nutzer mit gutem Vertrag)	meist vorhanden	meist vorhanden

Tabelle 1: Interessensvergleich

Des Weiteren ist eine elementare Voraussetzung, dass der Contractor auf Grund seiner unternehmerischen Ausrichtung so unabhängig ist, dass er nicht in seine Contracting-Angebote anderweitige Ziele - wie zum Beispiel das Interesse am Absatz einer bestimmten Technik oder eines bestimmten Energieträgers – in übermäßiger Weise 'einschleppt'. Betrachtet man die „Herkunft" bzw. die kapitalmäßige (monetäre) Anbindung der heute am Markt tätigen - noch recht wenigen Contracting-Anbieter - kann man hier Interessenkonflikte nicht vollständig ausschließen.

Ein ganz besonderes Problem stellt in diesem Zusammenhang die Elektrizitätswirtschaft dar - jedenfalls solange die Stromversorger mit einem Gebietsmonopol ausgestattet sind/waren und zugleich Contracting anbieten. Wie schon bei der Darstellung von Erfahrungen mit praktizierten Contracting-Modellen erläutert, wird der Energienutzer bei der Einsparung und Substitution von elektrischer Energie grundsätzlich seine einsparbaren Bezugskosten als Maßstab anlegen. Hingegen wird der Stromversorger möglicherweise auch „im Auge haben", dass ein Contracting bei einem seiner Kunden seinen eigenen Absatz gefährdet - etwa durch Eigenerzeugung oder Stromeinsparung. Dieses Problem löst sich aber tendenziell, wenn auf dem Markt der Contracting-Anbieter Wettbewerb und Transparenz herrscht. Denn dann hat der Kunde die Wahl und wird keinen Anbieter auswählen, der nicht seinen ökonomischen Interessen entspricht. Und auch ein Stromversorger hat bei funktionierendem Wettbewerb zwischen den verschiedenen Contracting-Anbietern nur die Möglichkeit, die neue Sparte nicht mit den entgangenen Deckungsbeiträgen anderer Unternehmenszweige zu belasten, da er sonst damit rechnen muss, dass gerade dadurch seine Wettbewerber die Maßnahmen umsetzen. Schwerer wiegt das Problem, dass Stromversorger bis zur Herstellung von funktionierendem Wettbewerb in der Elektrizitätswirtschaft erhebliche Möglichkeiten haben, durch Gestaltung ihrer Preisstruktur Stromeinsparungen und Eigenerzeugung in Kraft-Wärme-Kopplung und damit die entsprechenden Contracting-Angebote zu be- und verhindern. Begründet werden solche Preissysteme mit Hinweis auf deren Orientierung an der Kostenstruktur und insbesondere an der Aufteilung in fixe und variable Kosten. Aus volkswirtschaftlicher Sicht handelt es sich hier aber um eine monopolistisch verzerrte Preisstruktur, die durch unterschiedliche Elemente Strom-Einsparungen sowie Eigenerzeugung unattraktiv machen sollen. Das in der Elektrizitätswirtschaft ein kurzfristig nicht veränderbarer, hoher Fixkostenblock bzgl. Erzeugungsanlagen, Netz existiert, ist jedenfalls kein hinreichender Grund für ein solches Preissystem. Denn langfristig gibt es auch in der Elektrizitätswirtschaft die Möglichkeit der Kapazitätsanpassung. Die dabei erwarteten Kostenänderungen (langfristige Systemgrenzkosten) müssten ein effizientes Preissystem eigentlich reflektieren. Da man aber auch Markt diese Größe nicht völlig sicher kennen kann, bleibt die sinnvollste Annäherung immer noch der auf Basis historischer Durchschnittskosten kalkulierte Preis, der aber dann keine einsparungsresistenten Bestandteile haben darf. Auch mit dem neuen Engergierecht sind diese Probleme noch keineswegs ausgestanden. Denn faktisch wird die marktbeherrschende Stellung der Stromversorger mindestens so lange fortbestehen, bis ein funktionierendes und nicht diskriminierendes System der Durchleitung etabliert ist, das einen unproblematischen Wechsel zwischen Versorgern zulässt. Erst dadurch würde die Bildung von echten Marktpreisen erzwungen und eine Diskriminierung über die Preisstruktur würde erheblich erschwert. Bis dahin dürfte aber wohl noch einige Zeit vergehen. Deshalb braucht es flankierend eine Regulierung, die den Marktzugang für Stromeinsparung und Kraft-Wärme-Kopplung sichert.

2.6 Der Energieberater

Beratende Ingenieure stehen Auftraggebern bei Contracting-Vorhaben als neutrale und kompetente Berater zur Seite. Ihre Funktion als Treuhänder des Bauherren gegenüber ausführenden Unternehmen wird auf die Strukturen in Contracting-Vorhaben übertragen. Die Vielfalt der Contracting-Formen macht eine intensive, unabhängige technische und wirtschaftliche Beratung unverzichtbar. Während aller Phasen - von der Projekt- und Konzeptentwicklung über die Ausschreibung bis hin zur Erfolgskontrolle - bieten unabhängige Ingenieure umfassende Beratung und objektive Entscheidungshilfen. Der größte wirtschaftliche Erfolg ergibt sich bei einer frühen Einbindung beratender Ingenieure:

- Einbettung von Contracting-Paketen in ein integrales energetisches Sanierungskonzept anstelle kurzfristiger gewerkebezogener "Rosinenpickerei".
- Herstellung von Transparenz in einem heterogenen, unübersichtlichen Anbietermarkt: Bedarfsorientierte, detaillierte Leistungsbeschreibung, Durchführung neutraler Ausschreibungen, Angebotswertung ohne Produktinteresse.
- Unterstützung des Kunden bei Vertragsverhandlung und Vertragsgestaltung mit Contractoren.
- Unabhängige Überwachung und Erfolgskontrolle

Für die Vergabe von Contracting-Projekten bei öffentlichen Liegenschaften ist ein formelles Ausschreibungsverfahren erforderlich. Hier empfiehlt es sich, einen qualifizierten beratenden Ingenieur einzuschalten.

VORGEHENSWEISE EINES ENERGIEBERATERS

Die nachfolgend dargestellte Vorgehensweise hat sich bei Contracting-Projekten, die von Energieberatern durchgeführt wurde, bewährt. Dabei konnte beobachtet werden dass der finanzielle Nutzen durch einen qualifizierten Wettbewerb zwischen den Contractoren den finanziellen Mehraufwand für die Beauftragung des Energieberaters meist deutlich übersteigt.

1. Grundlagen: Zieldefinition und Projektentwicklung

Ungeachtet der Frage, ob eine Sanierungsmaßnahme konventionell oder als Contracting-Maßnahme ausgeführt wird, sind das Projektziel und die damit verbundenen Aufgabestellungen exakt zu definieren. Je nach Intention des Auftraggebers (private Investoren, öffentliche Bauherren, etc.) sind dessen grundsätzliche Unternehmensstrategie, Liquiditätsüberlegungen oder versorgungs- und regionalwirtschaftliche Aspekte zu berücksichtigen.

2. Systemanalyse: Gewerkeübergreifendes Energiekonzept

Nur ein Energiekonzept, das Gebäude, technische Gebäudeausrüstung und Energieversorgung über alle Gewerke hinweg betrachtet, ist zielführend. Auf diese Weise ist gewährleistet, dass Teilsanierungen zukünftige Maßnahmen nicht „verbauen". Ein Energiekonzept muss bei bestehenden Gebäuden auch ein Sanierungskonzept mit allen für die Funktion und Sicherheit erhaltenden Maßnahmen sein. Neben der Bestandsaufnahme und der Ist-Analyse bei bestehenden Bauten gehört zu den Leistungen des Energieberaters die Erarbeitung und Bewertung von Einspar- und Sanierungsmaßnahmen sowie von Versorgungsvarianten.

3. Beratung: Entscheidung Eigenregie/Contracting

Als Basisvariante für die Wirtschaftlichkeit sollte immer die Eigenregie mit dem Contracting verglichen werden. Das von neutraler Seite erarbeitete Energiekonzept stellt eine gute Grundlage für die Entscheidung zwischen einer konventionellen, eigenfinanzierten Lösung und einem Contracting-Projekt dar. Bewertungskriterien sind das Know-how und die Betreiber-Kompetenz sowie die Liquidität des Auftraggebers und die interne Strategie zu Outsourcing und Insourcing.

Nicht zu unterschätzen ist auch die Bedeutung entsprechender personeller und Vertriebsstrategische Ressourcen:

- Gibt es z.B. im Unternehmen systematisch erfasste und gepflegte Markt- und Kundeninformationen, die für die Entwicklung von Contracting-Produkten genutzt werden können?
- Wie viele eigene und fremde Energieberater können mit welcher Kapazitätsauslastung zur Betreuung von Contracting-Kunden eingesetzt werden?

- Verfügen die Energieberater über die erforderliche Qualifikation, um komplexe, erklärungsbedürftige Produkte und Dienstleistungen in den Markt einzuführen?
- Welche unterstützenden Marketingkapazitäten sind im Unternehmen für die Produktentwicklung und -begleitung vorhanden? Ist hier ggf. externe Unterstützung verfügbar (z.B. über Vorlieferanten)?
- Welche Kapazitäten gibt es im Finanz- und Rechnungswesen für die Abrechnung von Contracting-Verträgen und die Wahrnehmung von Controllingfunktionen?

Sinnvoll ist es daher, wie oben schon erläutert, einen Energieberater zu Rate zu ziehen, welcher eine feste Struktur für die Bearbeitung von Contracting-Vorhaben in einem Unternehmen festlegen kann.

VORGEHENSWEISE EINES ENERGIEBERATERS

Die nachfolgend dargestellte Vorgehensweise hat sich bei Contracting-Projekten, die von Energieberatern durchgeführt wurde, bewährt. Dabei konnte beobachtet werden dass der finanzielle Nutzen durch einen qualifizierten Wettbewerb zwischen den Contractoren den finanziellen Mehraufwand für die Beauftragung des Energieberaters meist deutlich übersteigt.

1. Grundlagen: Zieldefinition und Projektentwicklung

Ungeachtet der Frage, ob eine Sanierungsmaßnahme konventionell oder als Contracting-Maßnahme ausgeführt wird, sind das Projektziel und die damit verbundenen Aufgabestellungen exakt zu definieren. Je nach Intention des Auftraggebers (private Investoren, öffentliche Bauherren, etc.) sind dessen grundsätzliche Unternehmensstrategie, Liquiditätsüberlegungen oder versorgungs- und regionalwirtschaftliche Aspekte zu berücksichtigen.

2. Systemanalyse: Gewerkeübergreifendes Energiekonzept

Nur ein Energiekonzept, das Gebäude, technische Gebäudeausrüstung und Energieversorgung über alle Gewerke inweg betrachtet, ist zielführend. Auf diese Weise ist gewährleistet, dass Teilsanierungen zukünftige Maßnahmen nicht verbauen. Ein Energiekonzept muss bei bestehenden Gebäuden auch ein Sanierungskonzept mit allen die Funktion und Sicherheit erhaltenden Maßnahmen sein. Neben der Bestandsaufnahme und der Ist-Analysse bei bestehenden Bauten gehört zu den Leistungen des Engergieberaters die Erarbeitung und Bewertung von Einspar- und Sanierungsmaßnahmen sowie von Versorgungsvarianten.

3. Beratung: Entscheidung Eigenregie/Contracting

Als Basisvariante für die Wirtschaftlichkeit sollte immer die Eigenregie mit dem Contracting verglichen werden. Das von neutraler Seite erarbeitete Energiekonzept stellt eine gute Grundlage für die Entscheidung zwischen einer konventionellen, eigenfinanzierten Lösung und einem Contracting-Projekt dar. Bewertungskriterien sind das Know-how und die Betreiber-Kompetenz des Auftraggebers, die Liquidität des Auftraggebers und die interne Strategie zu Outsourcing und Insourcing.

Nicht zu unterschätzen ist auch die Bedeutung entsprechender personeller und vertriebsstrtegischer Ressourcen:

- Gibt es z.B. im Unternehmen systematisch erfasste und gepflegte Markt und Kundeninformationen, die für die Entwicklung von Contracting-Produkten genutzt werden können?
- Wie vile eigene und fremde Energieberater können mit welcher Kapazitätsauslastung zur Betreuung von Contracting-Kunden eingesetzt werden?
- Verfügen die Energieberater über die erforderliche Qualifiktion, um komplexe, erklärungsbedürtige Produkte und Dienstleistungen in den Markt einzuführen?
- Welche Unterstützenden Marketingkapazitäten sind im Unternehmen für die Produktentwicklung und -begleitung vorhanden? Ist hier ggf. externe Unterstützung verfügbar (z.B. über Vorlieferanten)?
- Welche Kapazitäten gibt es im Finanz- und Rechnungswesen für die Abrechnung von Contracting-Verträgen und die Wahrnehmung von Controllingfunktionen?

Sinnvoll ist es daher, wie oben schon erläutert, einen Energieberater zur Seite zu nehmen, welcher eine feste Struktur für die Bearbeitung von Contracting-Vorhaben in einem Unternehmen festlegen kann.

3 Contracting-Arten

3.1 Begriffsabgrenzung

Der Begriff Contracting hat seinen Ursprung in dem lateinischen Wort contrahere, das in der Übersetzung zusammenziehen bzw. in „Einklang bringen“ bedeutet. Der sprachliche Ursprung macht ein wesentliches Charakteristikum des später mit diesem Begriff verknüpften Modellansatz deutlich: die vertraglich zwischen zwei oder mehreren Kooperationspartnern vereinbarte Übernahme von bestimmten Aufgaben. Aus Anbietersicht handelt es sich beim Contracting um ein produktpolitisches Marketinginstrument, bei dem ausgehend von den Kundenbedürfnissen ein entsprechendes Leistungsangebot zusammengestellt und umgesetzt wird. Dabei bietet das Contracting-Unternehmen ein variables Bündel von Teildienstleistungen an und tritt gegenüber dem Kunden als Generalunternehmer auf. Aus Nachfragersicht ergibt sich mittels Contracting eine grundsätzliche neue Handlungsmöglichkeit. Aufgaben, welche bisher in Eigenverantwortung wahrgenommen wurden, an einen externen Dienstleiter zu übertragen.

In der zweiten Hälfte der achtziger Jahre verfestigte sich der Begriff Contracting zum Oberbegriff eines Instrumentes energieeffizienzsteigernder Technologien. Die Besonderheit von Contracting-Lösungen im Energiebereich besteht darin, dass sich die Vergütung der erbrachten Leistungen ganz oder teilweise aus den realisierten Energiekosteneinsparungen finanziert.

Um eine Dienstleistung in das Segment des Contracting einordnen lassen zu können sollten fünf Kriterien erfüllt sein.

1 Contracting-Konzepte dienen der Realisierung von wirtschaftlich sinnvollen Effizienzverbesserungen bei der Energieerzeugung, -umwandlung und –nutzung.

2 Contracting-Konzepte sind prinzipiell in sämtlichen Verbrauchsbereichen und auf allen Ebenen der Energieversorgung einsetzbar.

3 Bei den Anbietern von Contracting-Lösungen handelt es sich zumeist um privatwirtschaftliche Unternehmen mit Gewinnerzielungsabsichten.

4 Die aus den energieeffizienzsteigernden Maßnahmen resultierenden Energieeinsparungen bzw. die erlöse aus der Energiebelieferung eines oder mehrer Nutzer (Contracting-Nehmer) werden zur Rückzahlung der Investitions- und Finanzierungskosten sowie der Abgeltung der übrigen vom Contracting-Geber erbrachten Leistungen und dessen Gewinnanspruch eingesetzt.

5 Als Investor übernimmt der Contracting-Geber einen Großteil der spezifischen Risiken energieeffizienzsteigernder Maßnahmen. Hierzu gehört in der Regel auch das Erfolgsrisiko.

Contracting-Konzepte, die den vorangestellten Kriterien entsprechen, unterscheiden sich insbesondere hinsichtlich der angebotenen Leistungstiefe und des Leistungsschwerpunktes. Darüber hinaus richten sich bestimmte Contracting-Angebote an jeweils unterschiedliche Kundengruppen. Auf der Basis dieser Unterscheidungsmerkmale lässt sich eine Typologie von Contracting-Konzepten erstellen.

	Energieliefer-Contracting	Einspar-Contracting	Finanzie-rungs-Contracting	Versorgungs-Contracting
Angebotsschwerpunkt				
Endenergie-erzeugung	X	X	X	X
Nutzenergie-einsparung		X		
Leistungs-bausteine				
Planung	X	X		(X)
Finanzierung	X	X	X	(X)
Bau	X	X	(X)	(X)
Technische Betriebsführung	X	X		X
Kaufmännische Betriebsführung	X	X	(X)	X
Vertragsparteien				
Contracting-Geber	Handwerks-betriebe, EVU, Energie-Service-Unternehmen	Energie-agenturen, EVU, Stadt-werke	Objekt- bzw. Projektgesell-schaft	EVU, IPP
Contracting-Nehmer	Industrie/ Gewer-be, Gebäude-Eigentümer, Kommunen	Gebäude-Eigentümer, Kommunen	Stadtwerke, FWU	Industrie/ Ge-werbe
Vertragsbedingungen				
Vertragsdauer	10 Jahre	15 Jahre	5-10 Jahre	Unbegrenzt mit langfristi-gem Kündi-gungsrecht
Bedingungen bei Vertragsende	(un)entgelt-licher Eigentums-Übergang	(un)entgelt-licher Eigen-tums-Übergang	Entgeltlicher Eigentums-übergang zum Anlagenrest-wert	Entgeltlicher Eigentums-übergang zum Anlagenrest-wert
Vergütung	erfolgsabhängige Contracting-Rate	erfolgsabhän-gige Contrac-ting-Rate	kostenorien-tierte Preistar-fifierung für Wärme-/Strom-lieferung auf Take-or-Pay-Basis	kostenorien-tierte Preistar-fifierung für Wärme-/Strom-lieferung auf Take-or-Pay-Basis

Tabelle 2: Typologie Contracting-Konzepte

Die klassische und bislang verbreitetste Contracting-Variante ist das Anlagen-Contracting oder auch Energieliefer-Contracting. Hierbei werden energieerzeugungsseitige Maßnahmen geplant, finanziert, durchgeführt und in der Regel auch betrieben. Nach der jeweils vorgesehenen Energieanwendung werden unterschieden:

- Wärme-Contracting
- Kälte-Contracting
- Beleuchtungs-Contracting sowie
- Mischformen, z.B. Wärme/Kälte-Contracting
- Druckluftcontracting

Contracting-Lösungen, welche eine gekoppelte Produktion von Wärme und Strom vorsehen werden abgekürzt als KWK-Contracting bezeichnet. Eine Erweiterung erfährt das Anlagen-Contracting durch die Integration nutzenergieeinsparender Maßnahmen, wie beispielsweise Wärmedämmungen oder den Einbau automatischer Temperaturregelungssysteme, in ein energetisch optimiertes Investitionsprogramm. Die Regelgrößen werden hierbei objektbezogen festgelegt.

„Der Neubau der Europäischen Zentralbank auf dem Gelände der bisherigen Großmarkthalle machte einen neuen Standort für die Versorgung von Frankfurt/M. und Umland notwendig. Der Frischemarkt versorgt rund 4,5 Mio. Einwohner in einem Umkreis von 200 km mit frischen Lebensmitteln. Maßgeblichen Anteil an Mitgestaltung und Umsetzung des Betreibermodells hatte die Techem Energy Contracting GmbH mit ihrem Konzept für den Betrieb der Energieumwandlungsanlagen und –verteilersysteme und darüber hinaus für das gesamte Technische Gebäudemanagement.

Kernleistung ist die Versorgung des Frischezentrums mit den notwendigen Nutzenenergien für die Vertragsdauer von 10 Jahren. Techem versorgt das Frischezentrum mit Kälte für die Kühlzellen der Händler, allesamt Mieter und gleichzeitige Mitgesellschafter der Betriebsgesellschaft.

Gegen ein zuviel an Kälte – Lebensmittel ebenfalls unzuträglich – liefert Techem Heizwärme, dies natürlich auch für den Verwaltungstrakt. Die Contracting-Leistungen schließen die Beleuchtung der Immobilie und die Gewährleistung der Funktionstüchtigkeit der Aufzugsanlage ein.

Ganz „klassisch" im Sinne der DIN 8930-5 beschafft Techem die Endenergien Gas und Strom, wandelt sie in Nutzenergien um und trägt dabei uneingeschränkt das Effizienzrisiko der Umwandlungsprozesse. Ebenso „klassisch" wird die Erhaltung der Analgentechnik durch eine umfassende Reparatur- und Erneuerungsgarantie gewährleistet. Dazu kommen alle Not- und Stördienstleistungen im Rahmen definierter Verfügbarkeitsbedingungen. Geschäftsführer Raimund Luger äußerte sich über das große Aufgabenspektrum in der Großmarkthalle: „Die insgesamt übernommene Verantwortung geht jedoch weit über die sonst bei Energieliefercontracting üblichen Pflichten hinaus. Techem ist auch in vollem Umfang als Contractor für die Verteilersysteme und deren Komponenten (Pumpen, Leitungen, Lüftungsanlagen, Leuchten) in der Pflicht. Deswegen wurden die übrigen Aufgaben des Technischen Gebäudemanagements ebenfalls in den beauftragten Dienstleistungsumfang integriert."

Vom Betreiber FRIBEG wurden nur noch die Müllentsorgung, der Bewachungsservice und die Reinigungsdienstleistungen an andere Unternehmen übertragen. Organisatorisches Dach ist die BFM Building + Facility Management GmbH. Ihr obliegt die kaufmännische Verwaltung im Auftrag der FRIBEG und unter anderem die übergeordnete Steuerung und Kontrolle der eingesetzten Unternehmen. Sie bedient sich dazu des EDV-Systems Keylogic, das auch da Rückgrat für die Steuerung der Betriebsaufgaben und zur Überwachung des Leistungserbringungsgrades abgibt. Durch die Integration von Contracting-Leistungen mit denen des Technischen Gebäudemanagements werden schwer handhabbare technische und organisatorische Schnittstellen vermieden, Synergiepotentiale genutzt und Verantwortungsgrauzonen ausgeschaltet.

Eine besondere Bedeutung hat die Gebäudeleittechnik. Sie dient Steuerungszwecken, der Verbrauchserfassung und einem effektiven Energiecontrolling als Basis für zielgenaue technische Optimierung der Anlagen und deren Betriebszustände im Sinne eine Lastenmanagements. Das Konzept lebt schließlich davon, Einsparpotentiale aufzuspüren und umzusetzen. Techem stellt dazu regelmäßig den Energieverbrauch der Mieter fest und vergleicht den normierten, klimabereinigten Verbrauch mit dem des Vorjahres. Wird Energie eingespart, werden die Nutzer in Form eines Bonus daran beteiligt. Handlungsspielräume eröffnen sich genügend: Dazu gehören bewusstes Öffnen und Schließen der Hallentore und Kühlellen, Verzicht auf Kühlung bei offen stehenden Kühlzellen. Laut Raimund Luger ist es hierdurch gelungen „klassischen Ingenieursdienstleistung mit kaufmännischem Contracting-Verstand und den Ansätzen des Technischen Gebäudemanagements in einer Art zu verbinden, die heute noch nicht alltäglich ist." (Aus FACILITY MANAGEMENT 3/2005 S.6)

3.2 Energieliefercontracting

Als »Energieliefer-Contracting« werden Vorhaben bezeichnet, bei denen der Contractor die Energieerzeugungsanlage entweder plant, finanziert und errichtet oder eine vorhandene Energieerzeugungsanlage übernimmt und für die Dauer des Vertrages die volle Anlagenverantwortung trägt, also den Betrieb führt, die Anlage wartet, Instand setzt und bedient, die Einsatzenergie einkauft und die Nutzenergie verkauft. Vorhaben, bei denen es um Energieliefer-Contracting geht, werden teilweise auch als »Anlagen-Contracting« oder »Nutzenergie-Lieferung« bezeichnet.

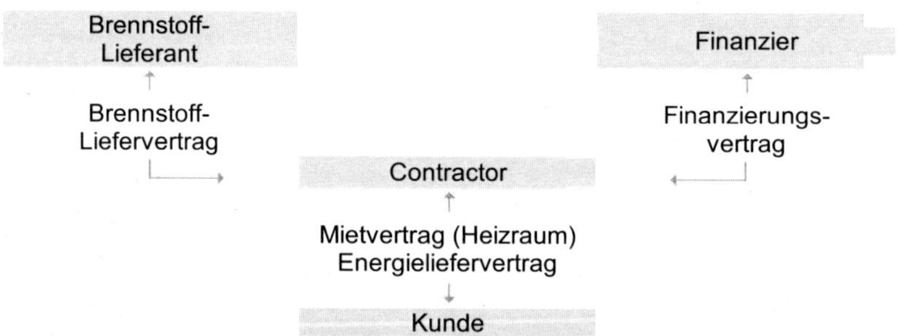

Abbildung 1: Schema Energieliefer-Contracting

3.3 Einspar-Contracting

Als »Einspar-Contracting« werden Vorhaben bezeichnet, bei denen der Contractor nicht nur Energieerzeugungs-, sondern auch Energieverteilungs- und Energienutzungsanlagen sowie andere, für den Energieverbrauch des versorgten Gebäudes maßgebliche Bauteile plant, finanziert, errichtet, betreibt und Instand hält. Die Einbindung der Nutzer in ein vom Contractor zu erstellendes Energiekonzept und die Schulung der Nutzer sind regelmäßig Bestandteil der Leistung. Einspar-Contracting wird teilweise auch als »Performance-Contracting« und »Energie-Einspar-Contracting« bezeichnet.

3.4 Finanzierungs-Contracting

Beim Finanzierungs-Contracting steht die Kapitalbeschaffung im Vordergrund der vom Contracting-Geber zu erbringenden Leistungen. Dementsprechend liegt es nahe, dass diese Variante überwiegend von Geschäftsbanken und anderen Finanzdienstleistern angeboten und umgesetzt wird. Zur Finanzierung von Projekten mit einem Investitionsvolumen von mehr als 5 Mio. Euro schließen sich gewöhnlich mehrere Kapitalgeber, oftmals unter Einbeziehung des Nutzers, in einer Projektgesellschaft zusammen. Die Planung, Bauüberwachung und technische Betriebsführung der installierten Anlagen verbleibt normalerweise im Verantwortungsbereich des Contracting-Nehmers, der nach einer vorbestimmten Frist das Eigentum des Contracting-Gegenstandes erwirbt.

3.5 Versorgungs-Contracting

Im Rahmen einer Versorgungs-Contracting-Lösung übernehmen Energieversorgungsunternehmen oder mehrer unabhängige Stromproduzenten (Independent Power Producer: IPP) existierende Enegieerzeugungssanlagen, wie z.B. Industriekraftwerke, sanieren, erneuern und/oder erweitern die Altanlagen und beliefern den bisherigen Stromversorger und unter Umstände noch weiter Abnehmer mit Wärme und ggf. Strom. Dieser Contracting-Variante kam in den Neunzigern in den neuen Bundesländern eine gewisse Bedeutung zu. Dort existierte eine große Zahl von Industriekraftwerken, die im Zuge der wirtschaftlichen Umstrukturierung nicht mehr benötigt wurden und mittels Contracting einer neuen wirtschaftlichen Verwendung zugeführt werden konnten.

4 Ablauf eines Contracting-Projektes

In diesem Abschnitt beschreiben wir nun den Ablauf eines Contracting-Projektes anhand eines Beispiels aus der Immobilienwirtschaft.

4.1 Darstellung der Einsparstrategien

Innerhalb eines jeden Contracting-Projektes gibt es grundsätzlich zwei Möglichkeiten, den Energiehaushalt einer Immobilie zu optimieren:

- Durchführung von Einzelmaßnahmen:

Eine Variante im Contracting kann die Planung, Umsetzung, Finanzierung und ggf. Betreuung *einer* ausgewählten Energiesparmaßnahme sein. Einzelmaßnahmen haben den Vorteil kostengünstig zu sein, jedoch langfristig den Nachteil, nicht optimiert zum Gesamtgefüge des Energiehaushalts einer Immobilie zu gehören. Dass heißt, dass kurz- bis mittelfristig zwar wirtschaftliche und ökologische Vorteile für den Eigentümer entstehen, langfristig gesehen jedoch weitere Optimierungsbedarfe auftauchen, die den Eigentümer dann u. U. teuer zu stehen kommen.
Positive Beispiele für Einzelmaßnahmen sind:
- eine Modernisierung der Beleuchtungstechnik,
- ein Lastmanagement, bei dem der Energiebedarf an den Lastspitzen ausgerichtet wird oder
- ein Energie-Controlling.125

- Erschließung des Gesamteinsparpotentials

Dagegen bietet eine umfassende Versorgungslösung einerseits dem Contractor die technische und planerische Möglichkeit, Synergieeffekte zu nutzen, die bei einer Einzelmaßnahme nicht zu Stande gekommen wären, um so den gesamten Energiehaushalt der Immobilie zu vervollkommnen. Zu beachten ist, dass je näher der Übergabeort der bereitzustellenden Energie am Nutzer ist, desto besser kann der Contractor die Anlage am tatsächlichen Bedarf konzipieren und eine Überdimensionierung der Anlagen vermeiden.

Andererseits hat der Eigentümer den Vorteil, optimierte Versorgungsanlagen zu besitzen, die zum Gesamtgefüge seiner Immobilie passen und ihm dadurch langfristig Kosten einsparen.

4.2 Projektumsetzung

Während der Projektumsetzung erfolgt die vollständige Projektvorbereitung bis zur Erstellung eines Energiekonzeptes und der darauf folgenden Ausschreibung.

4.2.1 Projektvorbereitung

Wenn die grundsätzliche Entscheidung, energie- und Kosten sparende Maßnahmen im Rahmen eines Contractings durchzuführen, in Erwägung gezogen wird und der nächste Schritt das Einholen von Angeboten bzw. eine Ausschreibung wäre, muss der Auftraggeber für sich klären, was er sich von der Maßnahme erhofft. Deshalb ist eine detaillierte Projektvorbereitung unerlässlich – vor allem bei komplexen Projekten mit umfangreichen Volumen. Dazu gehören Projektanforderungen wie z.B. eine Zieldefinition. Bei öffentlichen Vorhaben sollte, im Idealfall, auch die Einbeziehung einer Projektsteuerrunde stattfinden. Die Projektanforderungen bilden die Grundlage für das Ausmaß der Contracting-Maßnahme. Diese sollten in einem Katalog festgehalten werden und wenigstens die folgenden Bereiche umfassen:

- eine ausführliche Gebäude- oder Anlagenbeschreibung der Objekte, dievon der Energiesparmaßnahme betroffen sind,
- Abgrenzungen oder Festsetzungen in puncto Energiesparmaßnahmen und Schnittstellen mit den vorhandenen Anlagen,
- Erwartungen an Annehmlichkeits- und Betriebsstandards (z.B. Zielsetzung in Bezug auf Raumtemperatur, Betriebsdauer, Notstromkonzept etc.),
- Abgrenzung der Zuständigkeit von Unterhalts- und Wartungsarbeiten (welche vom Contractor und welche vom Contracting-Nehmer zu erbringen sind),
- alle verfügbaren Verbrauchswerte und Kennzahlen des Energieverbrauchs und den Energiekosten der letzten Jahre (insbes. Heizen, Kühlen, Elektrizität etc.) sowie
- Festsetzungen zur Ausgestaltung des Vertragsmodell

4.2.1.1 Zieldefinition

Die Zieldefinition entscheidet weder über den endgültigen Umfang des Objektes, noch müssen detaillierte Vorgaben ausgearbeitet werden. Diese werden während der Projektentwicklungsphase festgelegt. Vielmehr wird mit der Zieldefinition die prinzipielle Ausrichtung der Maßnahme verfestigt. Mögliche Inhalte der Zieldefinition könnten folgendermaßen lauten:

- eine Energiekostenreduzierung zu einem prozentualen Wert bzw. eine Energiekostenminimierung,
- eine Optimierung des Energiebezugs bzw. der -verträge,
- eine optimale Auslastung und Verfügbarkeit der vorhandenen Anlagen,
- eine grundsätzliche (maximale) Einsparung der CO2-Emissionen oder
- eine langfristige Sicherung bzw. Steigerung des Gebäudewertes.

Des Weiteren kann damit der Erfolg der Maßnahme (während und nach Beendigung der Durchführung) gemessen werden. Da aber meistens nicht allen Anforderungen an die Contracting-Maßnahme gleichermaßen nachgekommen werden kann, empfiehlt es sich, eine Bewertungsmatrix anzuwenden.129 Mit Hilfe dieser Matrix können Ansprüche an bestimmte Bereiche der Energieversorgung innerhalb des Objektes gewichtet werden.

4.2.1.2 Projektsteuerrunde

Liegenschaften sinnvoll. Bei diesem Vorgehen werden alle von der Maßnahme betroffenen Ämter sowie die Verwaltung des Objektes in das Projekt miteinbezogen und deren Fachwissen kumuliert und koordiniert. Die betroffenen Ämter sind

- Bauämter,
- Liegenschaftsämter,
- Haushaltsämter und
- Rechtsämter

Dieses Vorgehen hat den Vorteil, dass durch die Einbeziehung und Information der verschiedenen Bereiche eine optimale Lösung erzielt werden kann und kommunalintern die Akzeptanz und die Teilnahmemotivation gesteigert wird. Unter Umständen kann hier auch festgestellt werden, ob sich ggf. ein Intracting-Modell auch anbietet, was für die Kommune den Vorteil der energietechnischen und wirtschaftlichen Unabhängigkeit hätte. Stattdessen sind bei Contracting-Vorhaben in privaten Unternehmen die zuständigen Energieeinkäufer und technischen Leiter mit einzubeziehen.

4.2.1.3 Technische Anwendungsbereiche

Der technische Anwendungsbereich eines Contracting-Projekts ist in erster Linie von den Zielvorstellungen des Auftraggebers und den technischen Möglichkeiten innerhalb des Objektes abhängig. Grundsätzlich gilt es aber, jegliche Verbesserungspotentiale zu erkennen und umzusetzen, das heißt es muss eine gewerkeübergreifende Betrachtungsweise angewandt werden. Hiervon sind vor allem technische Anlagen, deren Nutzungszeit noch nicht beendet ist und die einen hohen Verbrauch verursachen, der Bereiche Beleuchtung, Klima und Lüftung, Heizung, Pumpen, Druckluft und elektrische Antriebe betroffen. Je nach Zustand des Objekts wird die Maßnahme auch auf Fenster-, Dach- und Fassadenisolierung erweitert.133 Ausschlaggebend ist die Effizienzsteigerung des Primärenergieeinsatzes (z.B. mittels Heizanlagen mit modernen Technologien), aber auch der Energieverbrauch durch den Nutzer muss optimiert werden (z.B. mit Hilfe zentraler Regelungstechniken des Heizbedarfs). Einzelmaßnahmen sind im Einspar-Contracting ebenfalls möglich. Das bekannteste Beispiel ist die Übernahme der Beleuchtung durch einen Contractor. Er investiert in eine neue Beleuchtungsanlage, übernimmt bestehende Strombezugsverträge (deren Konditionen er abrunden kann) und gewinnt dadurch Kosteneinsparungen, mit denen die Investition refinanziert wird.

4.2.1.4 Gebäudeauswahl

Eine Gebäudeauswahl im eigentlichen Sinne findet dann statt, wenn z.B. eine Kommune, eine Hausverwaltungs- bzw. Wohnungsgesellschaft oder ein Unternehmen mehrere Objekte hat und unter diesen Contracting geeignete heraussucht. Da gerade für ein Einspar-Contracting eine ausreichende Einsparung die Grundlage ist, ist die wichtigste Prämisse, dass sich die jährlichen Energiekosten (Referenzbedarf) von den erzielbaren Ersparnissen deutlich abheben. Auch beabsichtigte Nutzungsänderungen und Sanierungsmaßnahmen dürfen bei der Objektauswahl nicht außer Acht gelassen werden, da sie sich auf den künftigen Energiebedarf auswirken. Weitere Entscheidungsmerkmale können zum Beispiel

- ein überdurchschnittlicher absoluter und spezifischer Energieverbrauch,
- überdurchschnittliche absolute sowie spezifische Energiekosten,
- ein möglichst langfristiges Nutzungskonzept des Objektes oder
- die Mitwirkungsbereitschaft der Beteiligten

sein.

4.2.1.5 Potentialabschätzung

Die grundlegende Voraussetzung für die Realisierung eines Contracting-Projektes ist die Einschätzung, ob ein Objekt tatsächlich Contracting geeignet ist. Da bei einem Contracting die Effizienzsteigerung und Kostenersparnis im Vordergrund stehen und dabei im Idealfall nicht nur die Heizungsanlage, sondern das ganze Objekt in das Maßnahmenpaket mit einbezogen werden soll, ist zu prüfen, ob sich die Investitionen über die Vertragslaufzeit amortisieren können. Dabei sind Maßnahmen wie zum Beispiel eine Fassadenisolierung über eine übliche Vertragslaufzeit von acht bis zehn Jahren nicht über ein Contracting finanzierbar. Jedoch sind finanzielle Beteiligungen der Contracting-Nehmer möglich. Eine Potentialabschätzung wird üblicherweise durch die Grobanalyse abgedeckt, welche nachfolgend beschrieben wird.

4.2.2 Grobanalyse

Die energetische Grobanalyse kann erste Hinweise zur Contracting-Fähigkeit eines Objektes und den erzielbaren Kosteneinsparungen bringen.139 Hierfür ist die Kennwertbetrachtung zu empfehlen. Dabei wird anhand von Abrechnungsdaten der Jahresenergieverbrauch (jeweils von Strom und Wärme) eines Gebäudes ermittelt. Beim Wärmeverbrauch ist eine Bereinigung der Werte mittels Gradtagszahlen anzuwenden, um Klimaschwankungen auszugleichen. Danach wird dieser berichtigte Wert durch eine aussagekräftige Bezugsgröße (bspw. m² oder BGF) dividiert. Folgende Bereiche werden in der Regel in einer Grobanalyse untersucht:

- die Ist-Kosten, die für die Energieversorgung aufgewendet werden (Baseline),
- eine Prüfung maßgeblicher Kennwerte von Baukörper, Strom (z.B. kwh/m²a), Heizung (z.B. kwh/m²a), Lüftung, Klima, Wasser (z.B. l/m²a), Abwasser, Gebäudeleittechnik etc.,

- eine detaillierte Erfassung der bautechnischen und energietechnischen Anlagen sowie der Gebäudeausstattung,
- eine vorläufige Wirtschaftlichkeitsbetrachtung unter Berücksichtigung minimaler Systemanforderungen.

Nach Sommer, H. (Schriftenreihe ÖBU, 1998, S. 33) sollte der zukünftige Contracting-Nehmer bei der Beurteilung einer vorliegenden Grobanalyse auf folgende Aspekte kritisch achten:

- „Technische Aspekte:
  - Welche Energiesparmaßnahmen werden vorgeschlagen?
  - Wie groß sind die geschätzten jährlichen Energieeinsparungen?
  - Was für ein Messkonzept zur Ermittlung der Energieeinsparungen ist vorgesehen?
  - Wie wird Betrieb und Unterhalt der getätigten Investition gewährleistet?

- Finanzielle und vertragliche Aspekte:
  - Welche Investitions-, Betriebs- und Unterhaltskosten fallen mit den geplanten Investitionen an?
  - Wie werden die finanziellen Leistungen der Unternehmung an den Contractor festgelegt? (Höhe, Verknüpfung mit Energieeinsparungen, Fälligkeiten usw.)
  - Wie lange soll der Contracting-Vertrag dauern?
  - Wie hoch sind die Kosten für die Feinanalyse, welche Rückzugsmöglichkeiten bleiben dem Energieverbraucher?

- Qualifikation und Erfahrungen:
  - fachliche und personelle Kapazitäten des Contractors
  - Liste bereits realisierter Projekte
  - Referenzen
  - finanzielle Verhältnisse des Contractors.

Die Grobanalyse erstellt der Contractor dem potentiellen Kunden in der Regel kostenlos. Stellt sich dabei ein lukratives Einsparpotential heraus, wird der Contractor häufig mit der Durchführung beauftragt und es folgt eine kostenpflichtige Feinanalyse mit der Erstellung eines Energiekonzeptes.

4.2.3 Vorvertrag

Vor der Initiierung der Feinanalyse schließen der Auftraggeber und der Contractor häufig einen Vorvertrag. Dafür gibt es zwei Gründe: Einerseits ist die Erstellung der Feinanalyse für den Contractor sehr zeit- und kostenintensiv (ohne die Gewährleistung, tatsächlich mit der Contracting-Maßnahme beauftragt zu werden). Andererseits gibt der Auftraggeber dadurch viele geschäftliche Informationen preis, da der Contractor einen Einblick in viele vertrauliche Geschäftsbereiche (z.B. Produktionsprozesse oder Expansionsvorhaben) erhalten muss. Daher werden in der Regel mindestens folgende Angelegenheiten vertraglich geklärt:

- Vertraulichkeit der Informationen:

Der Contractor verpflichtet sich damit, alle nicht öffentlich zugänglichen Informationen, die er über den Auftraggeber erhält, streng vertraulich zu behandeln. Auch wenn es nicht zu einem Contracting-Vertrag kommen sollte.

- Kosten- und Entschädigungsregel:

Hierfür werden im Voraus ein Kostendach und ein Kostenverteilungsschlüssel vereinbart. Wenn sich dann nach Abschluss der Feinanalyse herausstellt, dass sich ein Contracting nicht lohnt, da die Einsparquote zu gering ist, trägt der Contractor die Kosten der Studie, da er ja nach der Grobanalyse zur Weiterführung des Projektes geraten hatte. Ist das Einsparpotential ausreichend und die Möglichkeit eines rentablen Contractings besteht, muss sich der Auftraggeber entscheiden, ob er dieses tatsächlich durchführen will, oder ob er die Anlage doch in Eigenregie betreiben will. In letzterem Fall hat er dem Contractor die Kosten der Feinanalyse zu erstatten. Mit dieser Regelung wird der Contractor davor geschützt, dass der Auftraggeber sich die Ergebnisse der aufwendig erstellten Feinanalyse zu Eigen macht und diese evtl. mit einem günstigeren Anbieter oder in Eigenregie verwendet.
Wenn sich der Contractor aber für die Durchführung des Contractings entschließt, trägt normalerweise wiederum der Contractor die Kosten oder aber sie werden zum Bestandteil des Contracting-Vertrages und durch die Einsparung abbezahlt.

- Termine:

Auch bei dieser Vereinbarung werden wieder die Contractor - und die Auftraggeberseite abgesichert: Zum einen wird dem Contractor eine Frist gesetzt, wie lange er für die Erstellung der Feinanalyse Zeit hat. Zum anderen wird eine Zeitspanne festgelegt, während welcher sich der Auftraggeber nach Eingang der Feinanalyse entscheiden muss, ob das Contracting weitergeführt wird.

4.2.4 Feinanalyse und Erstellung eines Energiekonzepts

Durch die Feinanalyse wird die Problematik, „wo und wann welche Energie in welchen Mengen durch das Gebäude fließt“145 vollständig erfasst. Sie dient der Ermittlung des Einsparpotentials und basiert, im Gegensatz zur Grobanalyse, auf konkreten Maßnahmen. Mit der Feinanalyse werden die Gebäudedaten, der Ist-Zustand des Energieverbrauchs und der Referenzverbrauch ermittelt. Anhand dieser Informationen beginnt der Contractor mit der Projektentwicklung der technischen und investiven Maßnahmen im Rahmen eines Energiekonzeptes und der Berechnung des Einsparpotentials. Die errechnete Kostenersparnis wird den mutmaßlichen Kosten der Maßnahme in einer Wirtschaftlichkeitsberechnung gegenübergestellt. Ist der Auftraggeber die öffentliche Hand, führt die Feinanalyse i. d. R. eine externe Beratungsgesellschaft (z.B. eine Energieagentur) oder ein damit beauftragtes Ingenieurbüro durch. Sie sollte mindestens die nachstehenden Bestandteile enthalten:

- eine Ziel-/ Aufgabendefinition (über das Sanierungsziel bzw. Bedarfsanforderungen etc.),
- eine Datenerfassung (Gebäudebestand, Verbräuche, Bauzeichnungen etc.),
- die Ermittlung der Baseline der bisher aufgewendeten Energiekosten,
- Art und Umfang der bisherigen und zukünftigen (falls möglich) Gebäudenutzung,
- Art und Umfang der bisherigen und künftig gewünschten Betriebs- und Annehmlichkeitsstandards,
- eine ausführliche Beschreibung des IST-Zustandes über:
    - Gebäudebestand (Baujahr, Größe, Bauphysik etc.),
    - vorhandene energietechnische Anlagen und Einrichtungen (Alter, Bauart, Leistungen etc.),
    - Nutzung, Nutzungsdauer, Betrieb und Auslastung von technischen Gebäuden und Anlagen sowie

  - bisherige Handhabung und Häufigkeit der Wartung etc.
- eine Aufstellung und Prüfung der Lieferverträge über Wärme, Strom, Wasser etc.,
- eine Analyse des IST-Zustandes wenn nötig. durch begleitende Messungen,
- eine Erarbeitung eines Energiekonzeptes (Planung und Beschreibung der ökonomischen und ökologischen Maßnahmen mit Kostenabschätzung und Wirtschaftlichkeitsuntersuchung),
- Sensitivitätsanalysen,
  eine Aufstellung eines wirtschaftlich aussagekräftigen Maßnahmenkatalogs
- eine detaillierte Beschreibung des Messverfahrens zur Bestimmung des tatsächlichen Energieverbrauchs nach Durchführung der Contractingmaßnahmen
- eine ausführliche Beschreibung der Leistungsvergütung des Contractors

4.2.5 Ausschreibung

Nachdem die Projektentwicklung der Contracting-Maßnahme abgeschlossen ist erfolgt die Ausschreibung. Zu Beginn werden die Ausschreibungsunterlagen vorbereitet, sie bestehen in der Regel aus einem Entwurf des später folgenden Energiesparvertrages. Dieser muss eine ausführliche Leistungsbeschreibung der geplanten Maßnahmen aufweisen, um Missverständnisse zu verhindern und damit die anbietenden Contractoren besser kalkulieren können. Er zeigt ihnen auch, nach welchen Kriterien die Vergabe entschieden wird. Außerdem sollen die Angebote später im Ergebnis vergleichbar sein können. Demnach sollten die Ausschreibungsunterlagen folgende Bestandteile enthalten:

- eine (in der Feinanalyse erstellte) ausführliche Schilderung des Ist-Zustandes des Contracting-Objektes,
- eine Darstellung der ermittelten Baseline,
- der detaillierte Maßnahmenkatalog mit der dazugehörigen Begründung,
- eine genaue Charakteristik der Nutzeranforderungen sowie
- der Energiesparvertrag im Entwurf.

Wenn der Auftraggeber die öffentliche Hand ist, ist er durch Haushaltsgesetze dazu verpflichtet, die Ausschreibung öffentlich vorzunehmen. Dabei ist abzuwägen, ob die Ausschreibung nach VOB/Teil A oder VOL/Teil B durchzuführen ist.

Dies ist vom Schwerpunkt der Leistung (Maßnahmenpaket) abhängig. Da beim Einspar-Contracting die vereinbarten Energiekosteneinsparungen in erster Linie durch Bauleistungen (wie Verbesserung der Gebäudesubstanz und der Gebäudeanlagen) zu Stande kommen, muss in den meisten Fällen nach VOB/A ausgeschrieben werden, da die bauliche Anlage geändert wird. Das Vergaberecht soll hier (nach *VfW,* Leitfaden für die Ausschreibung von Energielieferung, 2000, S. 15) nur kurz dargestellt werden:

1. „Primäres europäisches Recht:

Laut EG-Vertrag gelten folgende drei (nicht vergabespezifische) Grundsätze:

- Gebot der Transparenz,
- Verbot der Diskriminierung,
- Gebot des freien und fairen Wettbewerbs

2. Vergaberecht im engeren Sinne:

Dieses gliedert sich in drei Ebenen:

- auf der Ebene der EG-Richtlinien gelten die Baukoordinierungsrichtlinie (BKR), die Sektorenrichtlinie (SKR) und die Dienstleistungsrichtlinie (SKR)
- auf der Gesetzesebene (deutsches Recht) gilt das Vergaberechtsänderungsgesetz (VgRÄG) im Teil IV des Gesetzes gegen Wettbewerbsbeschränkungen (GWB)
- auf der Verordnungsebene bilden die Vergabeverordnungen, im Einzelnen die Verdingungsordungen VOB, VOL, VOF die Grundlagen.“ Um die Angebote für die Contracting-Maßnahme einzuholen, kann die Ausschreibung nach dem öffentlichen, beschränkten oder freihändigen Verfahren zu Stande kommen. Das Ausschreibungsverfahren erfolgt in drei Schritten:

1. Vorbereitung:

Während der Vorbereitungsphase wird die qualifizierte Leistungsbeschreibung erstellt sowie die Grundlagen der Ausschreibung festgelegt. Dass heißt, die ausgeschriebene Leistung und die Vergabeart müssen unmissverständlich dargelegt sein. Des Weiteren ist es nötig, bereits im Vorfeld die Bewertungskriterien für die Angebote festzulegen.

2. Bekanntmachung:

Mit der Bekanntmachung des Contracting-Vorhabens wird die Ausschreibung und die Aufforderung zur Angebotsabgabe veröffentlicht. Zu dem muss der zukünftige Auftraggeber –diskriminierungsfreie– Möglichkeiten schaffen, dass die Bietenden das Objekt und die örtlichen Gegebenheiten besichtigen können.

3. Angebot und Annahme:

I

n der Regel werden die eingegangenen Angebote in einer öffentlichen Submission ordnungsgemäß geöffnet. Sie sind dann auf Vollständigkeit, Richtigkeit und Plausibilität zu prüfen. Falls Unstimmigkeiten oder Fehler enthalten sind, besteht die Möglichkeit einer „Zweifelsverhandlung“, um diese zu klären. Die Angebote, die in die Wertung aufgenommen wurden, werden dann geprüft und verglichen. Dies sollte nicht nur unter den im Moment gegebenen Bedingungen, sondern auch unter Berücksichtigung künftiger Gegebenheiten geschehen (z.B. durch die Prüfung von Preisgleitklauseln).

Viele Ausschreibungen enthalten so genannte „Aufhebungsklauseln“. Das sind Vorbehaltserklärungen, mit denen der Auftraggeber nach abgeschlossener Submission von der Vergabe zurücktreten kann, wenn er dann feststellt, dass die Contracting-Maßnahme doch nicht rentabel ist und er sie in Eigenregie durchführen will. Der Verband für Wärmelieferung e. V. bezeichnet dies als juristisch bedenklich. Jedoch sieht die Praxis nicht so unkompliziert aus, da sich noch keine einheitliche Handhabung durchgesetzt hat. Viele Ausschreibungen zur Energielieferung enthalten unvollständige oder zu wenige Informationen oder aber die Anforderungen schränken den möglichen Contractor zu sehr ein. Später zeigt sich auch oft, dass die Möglichkeiten der Energielieferung bzw. die Grenzen des Anbieters überschätzt wurden.

Wegen der hohen Kosten verzichten private Auftraggeber meist auf eine öffentliche Ausschreibung und holen stattdessen mit Hilfe eines Anforderungskataloges Angebote der einzelnen Anbieter ein. Allerdings leidet, je nach Umfang der Anforderungen, die Vergleichbarkeit der Angebote darunter.

4.2.6 Auswertung der Angebote

Zur Auswertung der Angebote gibt es kein allgemein anwendbares Vorgehen. Zu empfehlen ist eine Bewertung in drei Schritten:

1. Vergleich der eingegangenen Angebote:

Da beim Einspar-Contracting meist eine langfristige Vertragsdauer vertraglich vereinbart wird, muss der Prüfung des Vertragsinhalts besonders viel Aufmerksamkeit zu kommen. Vor allem ist auf die Berechnung der Preise und durch welche Faktoren diese beeinflusst werden zu achten. Nur wenn die Angebote über die gesamte Laufzeit miteinander verglichen werden, hat der Auftraggeber einen vollständigen Eindruck der Regelungen. Schwierig wird es oft bei den Startpreisen in Verbindung mit Preisgleitklauseln. Sie können beispielsweise so konstruiert werden, dass mit einem hohen Startpreis eine flache Preisentwicklung erreicht wird (was für den Auftraggeber positiv ist, denn er muss bei Preissteigerungen nicht unverhältnismäßig viel Geld aufwenden) – oder umgekehrt. Für den Vergleich der Angebote können zwei Verfahren angewandt werden:
Zum einen die Kapitalwertmethode um die Wirtschaftlichkeit und die Kostenstruktur zu bewerten. Und zum anderen die Nutzwertanalyse anhand eines Punktesystems.

Dabei werden qualitative Aspekte bewertet und nach Prioritäten (die zuvor in der Zieldefinition festgehalten wurden) gewichtet. Dies kann mit Hilfe einer Punkteverteilung bspw. von 0 (entspricht „nicht erfüllt“) bis 10 (entspricht „voll erfüllt“) oder ähnliches erfolgen. Auf folgende Kriterien muss beim Vergleich der Angebote unbedingt geachtet werden:

- die Ausführungsfristen,
- die Berechnung der Energiekosteneinsparung und ihre Garantie,
- die Aufteilung und Verwendung der garantierten Einsparung,
- sowie die Aufteilung und Verwendung eventueller zusätzlicher Einsparungen,
- der eigentliche Investitionsaufwand,
- die Vertragslaufzeit,
- voraussichtlicher Instandhaltungsaufwand nach Vertragsende,
- ob die Maßnahmen mit den bereits bestehenden Anlagen kompatibel sind,
- die technische Qualität und Nutzungsdauer der angebotenen Anlagen und Maßnahmen,

- die Betriebsführungsregelung und deren Abgrenzung (z.B. für Ersatzteile) und
- Konzepte für Energiemanagement und Nutzermotivation.

2. Auswertung der Vertragsbedingungen:

Die Auswertung der Vertragsbedingungen ist dann wichtig (insbesondere beim Wärmepreis), wenn in der Ausschreibung keine Vertragsbestimmungen vorgegeben waren. Dass heißt, dass die angebotenen Vertragsklauseln ebenfalls geprüft und bewertet werden müssen. Dabei müssen regelmäßig die Gestaltung, das Preisniveau, die Vertragslaufzeit und die Endschaftsklauseln betrachtet werden. Vertragskonstellationen, die auf den ersten Blick nachteilig für den Auftraggeber erscheinen, können nach genauerer Untersuchung sogar von seinem Vorteil sein. Ausschlaggebend ist hierbei auch die Risikoverteilung. Sie hat eine direkte Auswirkung auf die Preisgestaltung. Mehr dazu in Kapitel 3.4 Risikoverteilung.

3. Bewertung des Energielieferanten:

Unumgänglich ist auch die Beurteilung des Anbietenden. Für seine Darstellung sind Referenzen von gleichartigen Contracting-Projekten geeignet. Um nicht nur seine fachmännische Kompetenz zu prüfen, sondern um finanzierungstechnische Sicherheit zu haben, können ggf. die Partner, Subunternehmer oder Finanziers mit hinzugezogen werden. Wichtige Kriterien sind hierbei die Finanzkraft und Bonität sowie die Referenzen des Contractors.

4.2.7 Vergleich mit Eigenregielösung

Wie in dem vorangegangenen Abschnitt schon kurz erwähnt, ist es immer sinnvoll, den Contracting-Angeboten eine Eigenregielösung gegenüberzustellen. Falls diese langfristig gesehen ähnlich rentabel ist wie die Energielieferung durch einen Contractor (oder sie sich als doch nicht rentabel herausstellt), ist es für den Auftraggeber positiver, denn seine Energieversorgung ist soweit unabhängig. Die Grundlage für diese Gegenüberstellung bietet die Feinanalyse. Dann müssen alle relevanten Kostenpositionen erfasst werden, dass heißt die monetarisierten, die monetarisierbaren und die qualitativen Faktoren müssen verglichen werden. Nur so kann eine wirklich sinnvolle ökonomische Entscheidung über die Energieversorgung getroffen werden.

Folgende Punkte müssen nach Meinung des Verbands für Wärmelieferung e.V. (Leitfaden für die Ausschreibung von Energielieferung, 2000, S. 32) einem Vergleich standhalten:

- „Kostenpositionen:
  - Investition, umgelegt auf die Vertragslaufzeit/Kapitaldienst
  - Planungskosten
  - Brennstoffeinkauf
  - Energieeinkauf
  - Energieverkauf (z.B. Einspeisevergütung für BHKW-Strom)
  - Betriebsführung
  - Wartung
  - Reparaturrückstellungen
  - Verwaltung
  - Personalkostenanteile in der Verwaltung
  - Kosten der Kapitalbeschaffung
  - Notdienste
  - Nutzungsgradkontrollen
  - Nutzungsgradverluste durch unregelmäßige Wartung

- Qualitative Faktoren:
  - Zuständigkeit für Beschwerden
  - Freisetzung von Liquidität
  - Konzentration auf die eigentlichen Aufgaben
  - Imagegewinn durch moderne Anlage
  - technisch hochwertige Anlage ohne die Schulung von eigenem Personal
  - bessere und schnellere Vermietung durch günstige Kalt-/Warmmiete
  - Verbindung zum betrieblichen Umweltmanagement (Ökoaudit).“

Jedoch ist dieses Vorgehen kritisch zu betrachten. Es ist nicht zu vernachlässigen, dass sich eine Anlage, die zum Eigenbetrieb erstellt wird grundsätzlich von einer Anlage unterscheidet, die zur optimalen Energieversorgung und Kostenersparnis erstellt wurde. Während die selbstbetriebene Anlage voll und ganz auf die Bedienung durch den Nutzer zu geschnitten wurde165, zeichnet sich eine fremdgeführte Anlage immer noch durch ihr primäres Ziel der Verbrauchseinsparung aus. Das heißt, der Nutzer kann nicht von den Ergebnissen der Feinanalyse profitieren und diese dann unverändert selbst umsetzen. „Energielieferung ist keine Finanzierungsform, sondern eine Dienstleistung in Verbindung mit der Lieferung einer Ware.“ Diese Überlegung sollte jeder Entscheidung zur Eigenregie zu Grunde gelegt werden.

4.2.8 Entscheid über Realisierung der Energiesparmaßnahme

Die eigentliche Entscheidung, ob die Maßnahmen im Rahmen eines Einspar-Contractings stattfinden sollen, kann schon früher fallen – sollte aber spätestens an dieser Stelle getroffen werden.

Demnach ist schon nach der anfänglichen Grobanalyse abzusehen, ob eine Contracting-Fähigkeit vorliegt. Falls diese besteht, kann die folgende Feinanalyse ein zu geringes Einsparpotential zum Ergebnis haben (womit das Projekt normalerweise beendet wäre). Ergibt die Feinanalyse eine viel versprechende Ersparnis, wird ein privater Auftraggeber in der Regel zum Vertragsabschluss mit dem Contractor schreiten. Hiermit liegen alle Informationen vor, um zu entscheiden, ob ein Contracting relevant ist.167 Im Unterschied dazu wird bei einem öffentlichen Auftraggeber erst die Ausschreibung initiiert. Spätestens nach Bewertung der eingegangenen Angebote muss der potentielle Contracting-Nehmer also die Entscheidung über die Durchführung des Vorhabens treffen.

4.2.9 Aushandeln des Contracting-Vertrages

Wenn dann die endgültige Entscheidung zur Durchführung eines Einspar-Contractings getroffen wurde erfolgt bei öffentlichen Auftraggebern im Rahmen der Ausschreibung die Zuschlagserteilung an den am besten geeigneten Anbieter und die Vertragsunterzeichnung.168 Private Contracting-Nehmer konnten schon nach der Feinanalyse zu den Vertragsverhandlungen schreiten. Da die Vertragsgestaltung sehr umfangreich und komplex ist, ist eine juristische Beratung für den Contracting-Nehmer, soweit er nicht auf eine eigene Rechtsabteilung zugreifen kann, dringend zu empfehlen. Nach Abschluss der Verträge beginnt unmittelbar die Umsetzung der Contracting-Maßnahmen.

Die Inhalte und die Besonderheiten eines Einspar-Contracting-Vertrages werden im Kapitel 4.3.2 Vertragsgestaltung ausführlich dargestellt.

4.3 Rechtliche und vertragsrelevante Besonderheiten

Obwohl es für Contracting im deutschen Recht keine spezifischen Gesetze, Verordnungen, Erlasse oder Ähnliches gibt, bedeutet dass nicht, dass Contracting-Projekte im rechtsfreien Raum stattfinden. Vielmehr trifft das Contracting auf die bestehenden gesetzlichen Strukturen und im Einzelnen kann es durch individuelle Vertragsvereinbarungen auf das einzelne Projekt zugeschnitten werden. Die Basis aller Rechtsbeziehungen im Contracting ist also der Contracting-Vertrag. Aufgrund der komplexen spezifischen Eigenheiten einer jeden Contracting-Maßnahme kann *keine* allgemeingültige Anweisung für die jeweilige Vertragsgestaltung getroffen werden – ein professioneller juristischer Rechtsbeistand ist immer erforderlich. Damit alle vertraglichen Vereinbarungen auch langfristig rechtsbeständig sind, ist es aber auch für den Auftraggeber wichtig, sich zumindest einen Überblick anzueignen. Aus diesem Grund werden in diesem Kapitel die geltenden rechtlichen Rahmenbedingungen kurz dargestellt.

4.3.1 Rechtliche Rahmenbedingungen

Die wesentlichen rechtlichen Grundlagen für das Contracting sind:

- *E DIN 8930 Teil 5 Contracting:*

Wie eingangs erwähnt, sind die in der Praxis verwendeten Begrifflichkeiten um das Contracting sehr unterschiedlich. Durch die missverständliche Verwendung von Begriffen aus dem Contracting und unzureichend beschriebene Leistungsmerkmale treten oft Verwirrungen auf, denen die DIN 8930 Teil 5 entgegenwirken soll.

Das Deutsche Institut für Normung e.V. (DIN) hat den Arbeitskreis AA2 im Normenausschuss Kältetechnik (FNKä) mit der Festlegung der Terminologie zum Thema Contracting beauftragt. Die Ergebnisse liegen im Entwurf vor und befinden sich zurzeit in der Einspruchsphase. Sobald diese beendet ist, kann die erste Fassung der Norm erscheinen, damit konnte laut VfW im Sommer dieses Jahres gerechnet werden.

Wesentliche Inhalte der Norm sind die Festlegung der verschiedenen Contracting-Varianten, ihrer Ausprägungen bezüglich der zu erbringenden Leistungskomponenten, der Leistungsvergütung, der Anwendungsbereiche und der jeweils relevanten Rechtsgrundlagen.

Mit dem Entwurf der Norm ist zumindest ein Schritt zur Beseitigung der Begriffsverwirrung erreicht. Falls diese jetzt schon Bestandteil oder Grundlage eines Contracting-Vertrages werden soll, muss dies allerdings ausdrücklich vereinbart werden. Mit dem Erscheinen der Norm erhofft die Branche sich mehr Rechtssicherheit und erwartet eine Erleichterung des Vertragsabschlusses. Denn obwohl die DIN-Normen keine rechtsverbindliche Wirkung haben, werden sie bei gerichtlichen Entscheidungen als „Stand der Technik" anerkannt.

- *Verdingungsordnung für Lieferungen und Leistungen (VOL):*

Die VOL kommt im Rahmen eines Contractings dann zur Anwendung, wenn Dienstleistungen erbracht werden. Dies ist beim Energieliefer-Contracting immer der Fall.

- *Verdingungsordnung für Bauleistungen (VOB):*

Die VOB ist immer eine rechtliche Grundlage, wenn Bauleistungen erbracht werden – wie beispielsweise beim Einspar-Contracting, wo sogar gewerkeübergreifende Maßnahmen durchgeführt werden können.

- *Energieeinsparverordnung (EnEV):*

Die neue Energieeinsparverordnung ist seit Anfang 2002 in Kraft. Ihr wesentlicher Inhalt beschränkt sich auf das Ersetzen von Heizungsanlagen, die vor dem 1. Oktober 1978 eingebaut wurden, durch moderne heizungstechnische Anlagen. Das heißt, bis 2005 müssen insgesamt mehr als zwei Millionen Heizungsanlagen ausgewechselt werden.

- *Heizkostenverordnung (HKVO):*

Die Heizkostenverordnung regelt in erster Linie die Kostenverteilung der gewerblichen Wärmelieferung. In welchem Umfang diese auf den Nutzer verteilt werden ist kein Bestandteil der HKVO.

- *Verordnung über die Allgemeinen Bedingungen für die Versorgung mit Fernwärme (AVBFernwärmeV):*

Die AVBFernwärmeV gilt automatisch, wenn ein eigenständiger, gewerblicher Lieferant von Wärme unter Verwendung der Allgemeinen Geschäftsbedingungen Wärme liefert. Ein Energieliefer-Contracting ist einer Wärmelieferung gleichzusetzen.

In diesem Fall ist die (detailliertere und sachgemäßere) Verordnung über Allgemeine Bedingungen für die Versorgung von Fernwärme in Verbindung mit den Allgemeinen Geschäftsbedingungen gesetzliche Grundlage für einen Contracting-Vertrag.

- *Verordnung über die Allgemeinen Bedingungen für die Elektrizitätsversorgung von Tarifkunden (AVBEltV):*

Im Unterschied zu der AVBFernwärmeV findet die AVBEltV nicht automatisch Anwendung, wenn die Stromlieferung Inhalt der Contracting-Maßnahme ist. Diese gilt nur für Tarifkunden. Da ein Contracting-Nehmer aber kein Tarifkunde ist, muss die Verordnung über die Allgemeinen Bedingungen für die Elektrizitätsversorgung (ebenfalls in Verbindung mit den AGB) individuell vereinbart werden, falls dies erwünscht ist.

- *Eigentumsrecht:*

Die Eigentumsfrage wird besonders beim Energieliefer-Contracting kritisch. Aufgrund der speziellen Vertragskonstellation ist der Eigentümer einer technischen Anlage üblicherweise der Contractor. Dabei müssen die Rechtsbeziehungen besonders geklärt werden.

Der Contractor geht im Wesentlichen drei unterschiedliche Vertragsbeziehungen ein: per Darlehensvertrag mit der finanzierenden Bank, per Contracting-Vertrag mit dem Grundeigentümer (Objekteigentümer) sowie mit dem Nutzer. Des Weiteren besteht unter Umständen noch eine vertragliche Nutzungsüberlassung zwischen dem Eigentümer und dem Mieter. Für alle aufgeführten Rechtsbeziehungen besteht natürlich Vertragsfreiheit, jedoch sollte der Vertragsinhalt manchmal über die schuldrechtliche Absicherung hinausgehen. Die Problematik ist folgende: Solange der Contractor auch Eigentümer der Immobilie ist, kann er diese als zusätzliche Sicherheit grundpfandrechtlich beleihen o. ä. Dies ist allerdings in den seltensten Fällen möglich, weil er die Anlage fast immer auf fremdem Boden einbauen muss. Allein mit diesem Vorgang geht die Anlage, rein rechtlich gesehen, in das Eigentum des Immobilieneigentümers über, da sie mit dem Gebäude fest verbunden wird. Die rechtliche Basis dafür sind die §§ 94 und 95 BGB in Verbindung mit § 946 BGB. Durch diesen Umstand entsteht für den Contractor ein dringendes Bedürfnis nach zusätzlichen Sicherheiten, vor allem wenn er die Anlage nicht selbst finanziert, sondern dies über eine Bank geschieht. Denn wenn die Immobilie verkauft oder zwangsvollstreckt wird, der Kunde zahlungsunfähig ist oder der Contractor in Konkurs geht, fallen (ohne eine entsprechende Rangsicherung) die Ansprüche weitgehend weg und der Contractor bzw. die Bank haben keine Zugriffsmöglichkeit auf die Anlage. Doch auch beim Energiespar-Contracting tauchen diese Schwierigkeiten auf. Jedoch ist hier das Vertragsprinzip schon so aufgebaut, dass die technische Anlage nach Fertigstellung in den Eigentum des Besitzers übergeht. Damit entstehen dem Contractor nicht nur dieselben sicherungstechnischen Schwierigkeiten, wie oben erläutert, sondern zusätzlich noch ein steuerliches Problem: der Contractor kann nur die Anlagen abschreiben, die zu seinem Anlagevermögen gehören. Also besteht hier die Notwendigkeit, die Investition des Contractors seinem Eigentum zuzuschreiben.

- *Mietrecht:*

Bei Contracting-Maßnahmen, die ein bestehendes Mietverhältnis berühren, wie beispielsweise bei einem Wärmeliefer-Contracting einer Wohnimmobilie, müssen das Mietrecht (§§ 535-597 BGB) und der geltende Mietvertrag beachtet werden. Im Mittelpunkt der Betrachtungen steht immer, dass der Vermieter dem Mieter eine beheizte Wohnung schuldet. Auf welche Weise diese beheizt wird, ist vornehmlich Entscheidungssache des Vermieters. Die Probleme treten erst dann auf, wenn der Vermieter die Versorgung seiner Immobilie während laufender, geltender Mietverträge auf ein Contracting umstellen will *und* dies einen Kostenaufwand für den Mieter nach sich zieht. Grundsätzlich nimmt der Vermieter, über die Grundmiete umgelegt, die Investitions- und Instandhaltungskosten der Heizungsanlage ein. Dabei gibt es zwei Möglichkeiten: bei bestehenden Mietverträgen hat er das Recht, vom Mieter eine Modernisierungsmieterhöhung zu verlangen oder bei neu abzuschließenden Verträgen kann dies über eine vertragliche Einigung geschehen. Bei Altverträgen besteht allerdings die Prämisse, dass er mit dem entsprechenden Mieter eine vertragliche Einigung finden muss, in welchem Maße die Kosten auf ihn umgelegt werden können. Dagegen kann er Neuverträge frei gestalten. Wenn aber der Contractor die neue Heizungsanlage einbaut, hat der Vermieter diese Möglichkeiten nicht mehr, denn er ist nicht der Bauherr der Maßnahme. Dazu kommt noch, dass er für die Mieterabrechnung die Instandhaltungs- und Investitionskosten der Anlage streng von den Verbrauchskosten trennen muss. Er darf dabei für sich keinen Gewinn erzielen. Allerdings enthält der so genannte kalkulierte Wärmepreis, den der Contractor für die Anlage und deren Betrieb vom Mieter veranschlagt, alle anfallenden Kosten, also inklusive seinem Unternehmergewinn. Somit kommt der Mieter praktisch zweimal für die Instandhaltungs- und Investitionskosten auf – es sei denn der Vermieter reduziert die Grundmiete. Fraglich ist dabei, welche Höhe des kalkulierten Wärmepreises vom Mieter gefordert werden kann. Dass heißt, ein Contracting mit diesen Ausmaßen kann für den Vermieter nur rentabel sein, wenn er einen Weg findet, die Mieter von den Anschaffungskosten für die Anlage außen vor zu halten.

4.3.2 Vertragsgestaltung

Die vertragliche Ausgestaltung ist der Schwerpunkt eines Contracting-Projektes. Damit wird ein Regelwerk entwickelt, in das alle Beteiligten über eine lange Vertragsdauer hinweg Vertrauen haben und mit dem alle zufrieden sein müssen. Da jedes Projekt individuelle Ansprüche hat und der Auftraggeber individuelle Anforderungen stellt, kann man in den meisten Fällen nicht auf ein unverändertes Vertragsmuster zurückgreifen – eine juristische Beratung ist immer angebracht. Da in der Praxis auf eine Vielzahl von Musterverträgen und beratenden Leitfäden zurückgegriffen werden kann, erscheint eine kurze Übersicht der möglichen Inhalte eines Contracting-Vertrages sinnvoll:

- *Mögliche Vertragsinhalte eines Energieliefer-Contractings:*
    - die beteiligten Vertragspartner und ihre Verantwortlichkeiten
    - Art der Energielieferung:
        - Energielieferungsvertrag mit wirksam vereinbarten Allgemeinen Geschäftsbedingungen des Energiedienstleisters,
            - im Falle der Wärmelieferung mit AVBFernwärmeV (vgl. Kapitel 3.4.1 Rechtliche Rahmenbedingungen)
        - Stromlieferungsvertrag bei Lieferung aus BHKW
            - mit wirksamer Anlage AVBEltV (vgl. ebenfalls Kapitel 3.4.1)
        - Kältelieferungsvertrag
            - 🕐③ mit AVBFernwärmeV, da Kältelieferung
        - Druckluftlieferungsvertrag
        - ggf. Vereinbarung über die Versorgung angrenzender Grundstücke
    - Umfang der Energielieferung
        - Regeln zur Versorgungspflicht seitens des Contractors,
        - Regeln zur Abnahmepflicht seitens des Contracting-Nehmers

- Vertragsbeginn und dessen Laufzeit
- Kündigung und Schlussbestimmungen
- Zutrittsrecht für das Grundstück und den Technikraum
- Nutzung von Räumlichkeiten (Mietvertrag für den Technikraum oder u. U. beschränkt persönliche Grunddienstbarkeit)
- u. U. Zustimmungserklärungen bei Wohnungseigentümergemeinschaften
- falls notwendig Zustimmungserklärungen von Mietern
- Versicherungen
  - Sachversicherung mit Sicherungsvereinbarung
  - Haftpflichtversicherung
- Haftung
- Förderanträge und –vereinbarungen
- Finanzierungsvereinbarungen über die Investitionen (z. B Kredit-, Leasingvertrag)
- Investitionssicherungen (z.B. Forderungsabtretungen, Sicherungsübereignungen,
- Treuhandvereinbarungen, Bürgschaftsvereinbarungen o. Ä.)
- Einstellung der Versorgung
- Billigkeitsklausel
- Bewertungsgrundlagen zum Vertragsende
- wenn möglich Vorkehrungen für Rechtsnachfolge
- Vertrag über die Planungsleistung
- Vertrag über die Bauleistung
- Vertrag über die weitere Betreuung und Betrieb der Anlage (z.B. Betriebsführungs-,
- Wartungs- oder Hausmeistervertrag u. Ä.)

- *Mögliche Vertragsinhalte eines Einspar-Contractings:*
  - die beteiligten Vertragspartner und ihre Verantwortlichkeiten
  - den Leistungsumfang des Contractors und Schnittstellen
    - Planungsleistung,
    - Bauleistung,
    - Investitionsvolumen,
    - Finanzierung der Investition

    - Umfang und Qualität der Maßnahmen,
    - Energiedatenerfassung und evtl. Energiecontrolling,
    - Betriebsführungsvertrag (Wartungs-, Instandhaltung- und Serviceleistungen),
    - Versorgungspflichten seitens des Contractors,
    - Abnahmepflichten seitens des Contracting-Nehmers,
    - ausführliche Abgrenzung zwischen Energiesparmaßnahmen des
    - Contractors und Bauunterhaltung des Gebäudeeigentümers
- Vertragsbeginn und dessen Laufzeit
- Kündigung und Schlussbestimmungen
- evtl. Zutrittsrecht für das Grundstück und den Technikraum
- u. U. Zustimmungserklärungen Wohnungseigentümergemeinschaften
- falls notwendig Zustimmungserklärungen von Mietern
- Versicherungen
    - Sachversicherung mit Sicherungsvereinbarung
    - Haftpflichtversicherung
- Förderanträge und -vereinbarungen
- Regelung der Nutzung von Räumlichkeiten
- Ausformulierung der Erfolgsgarantie
    - Festschreibung der garantierten jährlichen Energiekosteneinsparung,
    - Festlegung der Energiekosten-Baseline (incl. nachvollziehbarer Berechnungsgrundlagen)
    - Festlegung für den Fall, dass der Contractor, die Einsparungen
    - nicht erreicht
- Vergütungsanspruch und Zahlungsmodalitäten
- Festlegung der Refinanzierung der Investition
- Haftung
- Festsetzung der Übernahmemodalitäten nach Vertragslaufzeit
- wenn möglich Vorkehrungen für Rechtsnachfolge.

Wie im Rahmen der Projektumsetzung dargestellt, muss der Auftraggeber sich vor der Ausschreibung schon über diese Ausmaße im Klaren sein.

Mindestens sollten aber diese Punkte vertraglich geregelt sein:

- die Laufzeit,
- die Aufteilung der Energiekosteneinsparungen,
- eine Bonusregelung für zusätzliche Einsparungen,
- eine Instandhaltungsregelung,
- eine Festlegung des Garantiegegenstandes und
- die Baseline der Energiekosten.

Dies sind die hauptsächlichen Stellschrauben, mit denen der Schwerpunkt der Maßnahme und ihr Ziel festgelegt werden.189 Aus diesem Grund werden sie in den folgenden Abschnitten genauer beschrieben.

4.3.2.1 Laufzeit

Die Dauer eines Contracting-Vertrages ist im Allgemeinen frei gestaltbar. Dabei bieten sich drei Ausgestaltungsmöglichkeiten an:

1. eine fixe Vertragslaufzeit,
2. eine variable Laufzeit in Abhängigkeit zur Amortisation der Anlage und
3. eine variable Laufzeit, in welcher der Contracting-Nehmer die Anlage ständig zu einem bestimmten Restwert übernehmen kann.

Für ein Wärmelieferungs-Contracting sind nach den allgemeinen Bestimmungen der AVBFernwärmeV Verträge bis zu einer Laufzeit von lediglich zehn Jahren möglich. Falls die Vertragsparteien aber eine längere Vertragslaufzeit vereinbaren wollen, müssen sie ausdrücklich bekunden, dass sie sich darüber bewusst sind, von der AVBFernwärmeV abzuweichen und damit ihre Vertragsinhalsfreiheit in Anspruch nehmen.

4.3.2.2 Aufteilung der Energiekosteneinsparung

Die Aufteilung der Energiekosteneinsparung muss nur im Modell des Einspar-Contractings genau definiert werden, da sie in anderen Modellen kein Vertragsbestandteil ist und keine weiteren Auswirkungen hat, als nach der Vertragslaufzeit dem Contracting-Nehmer von Vorteil zu sein. Mit der Verteilung der Kostenersparnis wird dem Contracting-Projekt die ausschlaggebende Richtung gegeben. Prinzipiell hat die Beteiligung von Contractor und Contracting-Nehmer eine direkte Auswirkung auf die Investition. Um daher langfristig eine hohe Energieeinsparung zu erreichen, sollte der Contracting-Nehmer seine Priorität nicht auf eine sofort spürbare Kostenreduzierung setzen.192

Denn mit dieser Vertragsgestaltung erhält er zwar eine fremdgeführte neue Anlage und profitiert schon mit Vertragsbeginn von den niedrigeren Kosten. Aber durch diese unmittelbare Kapitalentziehung ist der Contractor gewissermaßen in dem Handlungsbedarf, eine kostengünstige (aber dafür nicht optimale) Anlage zu erstellen, um diese zu finanzieren. Letztendlich leidet die Qualität der Energieversorgung und der langfristigen Einsparmöglichkeit darunter. Vielmehr kann in der Praxis dadurch ein umfassender Erfolg erzielt werden, in dem der Contracting-Nehmer eine Mindesteinsparung erhält. Nach Ende der Vertragslaufzeit kann er dann nochmals von einer deutlichen Einsparung profitieren. Die übliche Aufteilung beträgt in der Praxis 70-90% für den Contractor.

4.3.2.3 Bonusregelung

Eine Bonusregelung muss für den Fall vereinbart werden, dass während der Vertragslaufzeit zusätzliche Einsparungen anfallen. Dieser Fall tritt ein, wenn die auflaufenden Einsparungen die garantierte Einsparung (mit der die Kosten des Contractors bereits gedeckt sind) übersteigen. Sie kann für den Contractor ein zusätzlicher Anreiz sein, die Anlage optimierter zu planen und zu betreiben. Wenn jedoch dabei auch die Beteiligung des Auftraggebers überdurchschnittlich hoch ist, besteht dieser Anreiz nicht. Daher muss die Bonusregelung immer auf die weiteren vertraglichen Vereinbarungen abgestimmt werden.

4.3.2.4 Instandhaltungsregelungen

In der Regel verpflichtet sich der Contractor für die während der Vertragslaufzeit anfallenden Instandhaltungen aufzukommen. Wenn der Contractor die gesamte Betriebsführung der Anlage übernimmt, ist der Aufwand der Vertragsregelungen eher gering. Problematisch wird die Zuständigkeitsregelung, wenn der Contractor lediglich für einen Teil der Anlage verantwortlich ist. Für diese Vertragskonstellation müssen bereits im Vorfeld die Schnittstellen genau abgegrenzt sein, um einen möglichst reibungsfreien Ablauf des Projekts zu ermöglichen. Deshalb ist es oft hilfreich, die gesamte Wartung und Störfallbeseitigung einer Anlage einem Contractor zu überlassen.

4.3.2.5 Garantiegegenstand

Der Garantiegegenstand beschreibt den Erfolg, den der Contractor dem Auftraggeber mit der Contracting-Maßnahme garantiert. Meistens erfolgt dies in einer Einspargarantie. Daher gibt es für diesen Punkt ausschließlich bei einem Einspar-Contracting Regelungsbedarf. Der hauptsächliche Inhalt dieser Garantie ist eine Energieverbrauchs- oder Kostenreduzierung. Wenn der Contractor die garantierte Einsparung nicht erreicht, muss er für die Differenz, die ihm entsteht, weil er dem Auftraggeber die garantierte Einsparung weiterhin bezahlen muss, selbst aufkommen.

4.3.2.6 Baseline der Energiekosten

Grundlage für die Aufteilung und das Garantieversprechen einer Energieeinsparung ist in erster Linie die Erfassung des Referenzverbrauchs, der so genannten Baseline. Denn um eine Ersparnis erzielen zu können, muss man den vorherigen Verbrauch kennen. Für die Ermittlung des Referenzverbrauches kumuliert man in der Regel den Energieverbrauch der letzten drei Jahre.

Falls während der Vertragslaufzeit Abweichungen des tatsächlichen Energiebedarfs vom Referenzbedarf auftreten, sind diese durch gängige Berechnungsmethoden (bspw. Klimabereinigung mittels Berechnung der Heizgradtage) zu bereinigen. Generell sollten die Berechnungsmethoden des Contractors für den Contracting-Nehmer nachvollziehbar sein. Inhalt einer Festlegung des Referenzbedarfs sollten folgende drei Bestandteile sein:

- *Referenzjahr:*

Grundlage für die Ermittlung der Baseline ist die Festlegung des Betrachtungszeitraums, der als Referenz- oder Basisjahr bezeichnet wird. Normalerweise erstreckt es sich über zwölf Monate und orientiert sich an dem Kalenderjahr. Die Anlehnung an andere Zeiträume, wie zum Beispiel die tatsächliche Heizperiode oder der Abrechnungszeitraum (des bisherigen Energieversorgers) sind auch denkbar. Das Basisjahr sollte lediglich möglichst nah am Vertragsbeginn des Contractings sein, um die höchstmögliche Transparenz zu schaffen.

- *Referenzpreise:*

Der Referenzpreis stellt die Kosten für den Energieträger dar, also bei Strom €/kwh etc.

Bei Heizöl oder Flüssiggas (leitungsgebundene Energieträger) müssen Durchschnittswerte innerhalb des Referenzjahres errechnet werden, da diese Energieträger üblicherweise in Tagespreisen verrechnet werden.

- *Referenznutzung:*

Zur Darstellung der Referenznutzung sollten die üblichen Nutzungsmerkmale des Gebäudes mit eingearbeitet werden. Diese sind u. a. die Nutzungsart, die Anzahl der Nutzer, Nutzungszeiten sowie die technische Ausstattung des Objektes. Denn obwohl Contracting-Objekte sehr speziell ausgesucht werden, sind Nutzungsänderungen nicht auszuschließen. Sie können einen großen Einfluss auf den Energieverbrauch haben (z.B. bei Neuinstallationen von PC-Arbeitsplätzen haben eine direkte Auswirkung auf den Stromverbrauch und das Raumklima). Daher ist es unumgänglich, in einem Contracting-Vertrag die Anpassung der Baseline an eine entscheidende Nutzungsänderung vorzusehen. Im Allgemeinen wirken auf den Energieverbrauch, und die damit entstandenen Energiekosten einer Immobilie, mehrere Einflussfaktoren ein, das Benutzerverhalten, die klimatischen Bedingungen, die Tarifstruktur der Energiebezugsverträge sowie die Effizienz der Anlage. Aus diesem Grund müssen bei der Festlegung der Baseline folgende Aspekte beachtet
und vertraglich festgehalten werden:

- der Referenzenergieverbrauch bzw. –kosten in Verbindung mit dem zugehörigen Referenzzeitraum,
- weitere Klimadaten (z.B. Heizgradtage),
- Einzelheiten zum Energieverbrauch (evtl. eingesetzte Brennstoffe, Arbeits-, Leistungs- und Messpreise etc.),
- die Nutzungsart der Gebäude und deren Umfang (z.B. Innentemperaturen und Belegungszeiten) und
- die technische Ausstattung der Gebäude (z.B. Ausstattung mit EDV-Geräten).

4.4 Risikoverteilung

Ein Contracting begründet immer eine lange Partnerschaft, die für den Auftraggeber mit einer großen Abhängigkeit und für den Contractor mit einer hohen Investition verbunden ist. Die Investition im Zusammenhang einer Contracting-Maßnahme birgt für alle Vertragsbeteiligten Risiken. Beispielsweise besteht für den Contracting-Nehmer grundsätzlich das Risiko, ob er einen seriösen und zahlungskräftigen

Contractor engagiert usw. In einem Contracting-Vertrag müssen daher folgende Risikofaktoren abgesichert werden:

- das Betriebsrisiko,
- das technische Risiko,
- das Insolvenz- oder Ausfallrisiko,
- das Klimaveränderungsrisiko,
- die Entwicklung der weichen Kosten und
- das wirtschaftliche Risiko.

Für ein erfolgreiches Contracting ist eine ausreichende Bonität des Contractors Voraussetzung. Über diese kann sich der Auftraggeber bereits im Rahmen der Ausschreibung bzw. spätestens während der Feinanalyse mit Hilfe einer Bonitätsprüfung ein Bild machen. Andererseits trägt der Contractor mehrere Risiken. Deshalb wird er einem Contracting nur dann zustimmen, wenn auch die vertragsabhängigen Vereinbarungen für ihn wirtschaftlich erscheinen, wie zum Beispiel die erfolgsabhängige Vergütung. Aus diesem Umstand wird deutlich, dass der Faktor Risiko sich hauptsächlich im Preis niederschlägt. Umso mehr Risiken der Contractor tragen muss, desto höher wird er den Preis für die Contracting-Maßnahme kalkulieren. Damit aber das Contracting wirtschaftlich bleibt und um zu verhindern, dass aus Kostengründen dem Contractor so wenig Risiken wie möglich übertragen werden, kommt es auf die richtige Risikoverteilung an. Um die Risiken eines Contracting-Projektes fair zu verteilen, sollten grundsätzlich die Risiken auf den Vertragspartner übertragen werden, der sie beeinflussen kann. Dass heißt alle Risiken, die in den Verantwortungsbereich der Energielieferung fallen, soll der Contractor tragen. Dies wäre zum Beispiel das Risiko einer Fehlinvestition bezüglich der Anlage. Üblicherweise übernimmt der Contractor alle Risiken, die mit den Maßnahmen innerhalb des Contractings in Verbindung stehen und der Auftraggeber das Preisänderungsrisiko.

Auch aus Sicht der Kreditgeber oder Drittfinanzierer (die in vertraglichem Verhältnis zum Contractor stehen) ist eine Risikoverteilung unumgänglich. Sie sehen dabei folgende Möglichkeiten mit den Risiken umzugehen:

- Risikovermeidung
- Risikominderung
- Risikoverteilung und –umwälzung (risk sharing)
- Risikoselbsttragung.

Von Hilfe kann dabei ein Risikomanagement sein. Ziel ist es, die möglichen Risiken zu erkennen, sie zu gewichten und Gegenmaßnahmen zu entwickeln. Für die Risikoermittlung werden dafür Risikofelder definiert und die darin enthaltenen Schwierigkeiten aufgeführt. Das können zum Beispiel technische, rechtliche und preisliche Risiken oder aber die Finanzierung, Genehmigungen und Unvorhergesehenes sein. Diese möglichen Schwierigkeiten werden dann mit der Zuweisung von Kosten oder Geldeinbußen gewichtet. Mit der frühzeitigen Entwicklung von Gegenmaßnahmen werden das Risiko und eventuelle Schäden minimiert. Die zugrunde liegende Risikopolitik sollte allerdings in einem ausgeglichenen Kosten-Nutzen-Verhältnis stehen. Nicht zu vernachlässigen ist die Tatsache, dass Risikobewältigung nicht ausschließlich darin besteht, die Risiken auf Versicherungen abzuwälzen. Dies ist unter anderen der Hauptgrund für hohe Contracting-Preise.

Die Risikoverteilung ist schon während der Ausschreibungsphase beeinflussbar. Dabei muss der Auftraggeber genau auf die gestellten Anforderungen und ihre Formulierungen achten, denn je unzulänglicher

- die Informationen in der Ausschreibung bezüglich der Vertragsgestaltung sind,
- die Informationen sind, die den Anbietern zur Angebotserstellung zur Verfügung stehen,
- die Schnittstellen und Leistungsgrenzen für die Contracting-Maßnahme definiert sind und
- je mehr Risiken auf den Contractor übertragen wurden, desto
- höher werden die vom Contractor kalkulierten Preise,
- geringer wird die Qualität der Maßnahme und
- unrentabler wird das Contracting und könnte damit scheitern.

4.4.1 Betriebsrisiko

Das Betriebsrisiko ist das Risiko, welches für beide Parteien mit dem Betrieb der technischen Anlagen während dem Contracting grundsätzlich besteht. Es ist wiederum in zwei Risiken zu unterscheiden: zum einen in das Nutzungs- und zum anderen in das Preisrisiko.

4.4.1.1 Nutzungsrisiko

Das Nutzungsrisiko besteht in einschneidenden Nutzungsänderungen durch den Objektnutzer. Maßgebliche Nutzungsänderungen sind deshalb so schwerwiegend, weil sie den Energieverbrauch in einem Einspar-Contracting u. U. bedeutend verändern können. Das führt dazu, dass in den meisten Fällen der tatsächliche Energieverbrauch vom aufwendig errechneten Referenzverbrauch abweicht. Damit wird im Extremfall die gesamte Einsparstrategie in Frage gestellt. Das Nutzungsrisiko fällt in der Regel dem Contracting-Nehmer zu, denn der Contractor hat es nicht verursacht und kann es nicht beeinflussen. Dahingehend können eine Anpassung der Einsparstrategie und/oder eine Vertragsauflösung vereinbart werden.

4.4.1.2 Energiepreisrisiko

Das Energiepreisrisiko beschreibt die Folgen von Änderungen des Energiepreises auf die vertragliche Contracting-Rate. Dieses Risiko bzw. dessen Auswirkungen werden ebenfalls grundsätzlich auf den Contracting-Nehmer übertragen, da der Contractor auch hier keinen Einfluss trägt. Aus diesem Grund werden für die Berechnung der Contracting-Rate Referenzpreise verwendet, um einesteils den Contractor daran zu hindern, von sinkenden Energiepreisen zu profitieren und anderenteils durch steigende Preise die garantierte Einsparung zu sichern.

4.4.2 Technisches Risiko

Das technische Risiko beschränkt sich die Errichtung und den Betrieb der technischen Anlagen, die im Zusammenhang mit den Contracting-Maßnahmen vom Contractor zur Verfügung gestellt werden. Dies betrifft hauptsächlich die Funktionstüchtigkeit, Zuverlässigkeit und Verfügbarkeit der Anlagen. Da dieses Risiko voll im Verantwortungsbereich des Contractors liegt, hat er dieses alleine zu tragen.

4.4.3 Insolvenz-/ Ausfallrisiko

Ein Insolvenz- oder Ausfallrisiko besteht für beide Vertragsparteien: Zum einen besteht die Gefahr, dass der Auftraggeber zahlungsunfähig wird, die Immobilie verkauft werden muss oder Ähnliches. Zum anderen könnte der Contractor seinerseits zahlungsunfähig werden und gezwungen sein, Konkurs anzumelden. Des Weiteren besteht ein Ausfallrisiko dahingehend, dass das Contracting-Objekt zerstört wird.

Diese Art des Ausfallrisikos kann allerdings durch eine entsprechende Substanzversicherung abgedeckt werden.

4.4.4 Klimaveränderungsrisiko

Klimaveränderungen bergen ein ähnliches Risiko wie das Energiepreisrisiko, allerdings mit nicht so schweren Auswirkungen. Obwohl die vereinbarten Referenzwerte Klima bereinigt sind, könnten sie sich auf die Einsparquote auswirken. Da unter Klimaveränderungen aber deutlich spürbare, globale Veränderungen zu verstehen sind, und diese sich nicht innerhalb kürzester Zeit entwickeln (gemessen an den Vertragslaufzeiten), ist dieses Risiko vernachlässigbar und wird üblicherweise nicht in ein Risikomanagement aufgenommen.

4.4.5 Entwicklung der weichen Kosten

Unter den weichen Kosten (sog. soziale Kosten) versteht man weithin die Kosten, die dem Contractor für das nötige Personal, die Verwaltung und die Wartung für die technische Anlage im Rahmen eines Contractings entstehen. Für eine eventuelle Veränderung dieser Kosten muss der Contractor selbst aufkommen.

4.4.6 Wirtschaftliches Risiko

Ein wirtschaftliches Risiko besteht alleine für den Contractor. Dieses Risiko entsteht für ihn im Rahmen eines Einspar-Contractings mit der Abgabe der Einspargarantie, wenn er sein Einsparversprechen nicht erreicht, muss er den Verlust ausgleichen. Damit kommt er voll für das wirtschaftliche Risiko seiner Investition auf.

5 Druckluft-Contracting, Finanzierung, Betreibermodelle

In diesem Kapitel wird nun der Ablauf eines Contracting Projektes anhand eines Beispiels aus dem Anlagencontracting erläutert.

Die Komplexität von Druckluftanlagen stellt vor allem für mittlere und kleine Betriebe schnell eine Herausforderung dar, die mit eigenen Ressourcen kaum noch zu bewältigen ist. In der Folge davon laufen viele Anlagen nicht optimal, verursachen unnötig viel Energieverbrauch und Betriebsstörungen und damit vermeidbare Kosten.
Der Gedanke, die Druckluftversorgung an externe Experten abzugeben, ist daher nahe liegend. Allerdings gibt es für das „Outsourcing“ verschiedene Modelle, deren Vor-, und Nachteile jeweils im spezifischen Einzelfall sorgfältig abgewogen werden müssen. Die folgenden Erläuterungen beschreiben die verschieden Möglichkeiten eines Betreibers.

5.1 Druckluft – Versorgung in Eigenregie

Der Idealbetrieb verfügt über eine eigene zuverlässige und effiziente Druckluftversorgung, die von den eigenen Technikern sachgerecht gewartet und betreut wird. Diese Techniker beherrschen die komplette Kette der Druckluftbereitstellung, von der Erzeugung in den Kompressoren über die Aufbereitung und Verteilung bis zur Sachgerechten Verwendung in den druckluftbetriebenen Geräten, Anlagen und Werkzeugen. Zu jeder Zeit steht Druckluft in der benötigten Menge und erforderlichen Qualität zur Verfügung. Die Kosten für diesen Idealzustand kennt der Betriebsleiter nicht genau, sie fallen aber auch nicht sonderlich ins Gewicht, da sie irgendwo in den allgemeinen Betriebskosten „stecken“, mit denen man eben zu rechen hat.

Dieser beneidenswerte Zustand wird empfindlich gestört, wenn wesentliche Teile der Druckluftanlage ausfallen und die hauseigenen Techniker den Missstand nicht alleine beheben können, eine Ersatzbeschaffung fällig wird, oder eine Erweiterung der vorhandenen Druckluftanlage erforderlich wird. Nun müssen Angebote eingeholt werden, und spätestens jetzt ist es dringend erforderlich, zwecks Preisvergleichs eine Vorstellung von den eigenen Kosten für die Druckluftversorgung zu haben.

Zwar kann der Betriebsleiter sich die Entscheidung leicht machen und einfach das „billigste“ Angebot wählen, allerdings erkauft er sich hiermit womöglich für die nächsten Jahre unnötige hohe Energiekosten. Beispielsweise sollte vor der Entscheidung für einen neuen Kompressor genau überlegt werden für welchen Druckluftbedarf er ausgelegt sein sollte, welches Druckniveau erforderlich ist, welchen Kompressortyp dafür in Frage kommt, welche besonderen Steuerungs- und Regelungsfunktionen sinnvoll sind und welchen Energieverbrauch dieser Kompressor haben wird. Das Investment-Controlling der Betriebsleitung sollte wissen, dass die Anschaffungskosten für den Kompressor an den jährlichen Gesamtkosten für die Drucklufterzeugung nur etwa 10 bis 24 Prozent betragen (je nach Anzahl der Betriebsstunden).

Druckluft- Versorgung in Eigenregie

Vorzüge und Nachteile aus der Perspektive des Druckluftanwenders

	Vorteile	⟺	Nachteile
Kapitalaufwand			**hoch**
Benötigtes Know-how im eigenen Betrieb		hoch	
Qualifizierungsaufwand			**hoch**
Aufwand für Wartung/Instandhaltung/Reparaturen			**hoch**
Abhängigkeit von Extern	**gering**		
Aufwand für Abstimmung und Kommunikation	**gering**		
Versorgungssicherheit		In eigener Verantwortung	
Qualitätsgarantie		In eigener Verantwortung	
Kostentransparenz			**erfahrungsgemäß gering**
Kapital Bindung (Zeitdauer)			**relativ hoch**
Anreiz zum Energiesparen			**erfahrungsgemäß gering**

Tabelle 3: Druckluftversorgung in Eigenregie

5.2 Outsourcing

Die Eigenverantwortung für das Druckluftsystem ist in der Praxis vergleichsweise oft vorzufinden. Der vollständige Verzicht auf externe Dienstleitungen ist jedoch selten und meist nur bei großen Betrieben anzutreffen. Oftmals erfordern Engpässe beim Personal oder mangels Know-how zu den immer anspruchvolleren Systemen zumindest zeitweise den Rat externer Experten. Im einfachsten Fall wird beim Kauf einer neuen Anlage bzw. beim Ersatz von wesentlichen Komponenten gleich ein Servicevertrag mit der Lieferfirma geschlossen. Die eingekauften Dienstleitungen können aber auch wesentlich umfassender sein und schließlich – wie beim Contracting – die Verantwortung für das gesamte Druckluftsystem umfassen. Dabei sind fast alle Kombinationen von Dienstleitung und Finanzierung denkbar und in der Praxis anzutreffen.

Die folgenden Abschnitte gehen auf die wichtigsten Grundtypen des „Outsourcing“ ein und geben einen Kurzen überblick über die verschiedenen Möglichkeiten. Dabei steht wegen seiner aktuellen Bedeutung das „Contracting“ mit seinen verschiedenen Ausgestaltungsmöglichkeiten im Vordergrund.

Mit dem Begriff „Contracting“ wird grundsätzlich ein Vertragsinstrument zur Erbringung umfassender Dienstleitung bezeichnet. Dabei geht es nicht um die Lieferung von Energieträgern wie Strom oder Brennstoff, sondern vielmehr um die am Ort des Endnutzers benötigte spezifische Energieform. In diesem Fall ist diese Dienstleitung die Bereitstellung der jeweils von einem Betrieb benötigen Menge Druckluft in der vom Nutzer gewünschte Qualität.

5.3 Mieten von Druckluftanlagen/ Anlagenkomponenten

Diese Variante des Outsourcings ist noch kein Contracting im eigentlichen Sinne, stellt aber eine interessante Möglichkeit dar, kurzfristige Versorgungsengpässe zu überbrücken. In der Regel wird von Mietangeboten Gebrauch gemacht, wenn beispielsweise ein Kompressor seinen Dienst versagt und unmittelbar für Ersatz gesorgt werden muss. Die meisten Anlagenhersteller bieten derartige Verträge an, wobei, je nach Dauer der Verträge, Service und Wartung inbegriffen sein können oder auch nicht.

Ob das Mieten von Anlagen als Dauerlösung attraktiv ist, hängt natürlich von den jeweiligen Vertragskonditionen sowie von den technischen und organisatorischen Gegebenheiten im eigenen Unternehmen ab.

Mieten von Druckluftanlagen oder Anlagenkomponenten

Vorzüge und Nachteile aus der Perspektive des Druckluftanwenders

	Vorteile	⟺	Nachteile
Kapitalaufwand	**kurzfristig gering**		**langfristig hoch**
Benötigtes Know-how im eigenen Betrieb			**relativ hoch**
Qualifizierungsaufwand			**relativ hoch**
Aufwand für Wartung/Instandhaltung/Reparaturen			**eher hoch**
Abhängigkeit von Extern		**mäßig**	
Aufwand für Abstimmung und Kommunikation		**mäßig**	
Versorgungssicherheit	**relativ hoch**	**In eigener Verantwortung**	
Qualitätsgarantie	**relative hoch**		
Kostentransparenz	**relativ hoch**		
Kapital Bindung (Zeitdauer)	**kurz**		
Anreiz zum Energiesparen			**eher gering**

Tabelle 4: Mieten von Druckluftanlagen oder Anlagenkomponenten

5.4 Techn. Anlagenmanagement (Betriebsführungs-Contracting)

Das Technische Anlagenmanagement (gelegentlich auch als Betriebsführungs-Contracting bezeichnet) ist im Grunde eine Erweiterung der klassischen Serviceverträge mit Anlagenherstellern.

Während bei Serviceverträgen der Anlagenbetrieb jedoch in der Verantwortung des Nutzers bleibt und nur bestimmte Dienstleitungen wie Wartung, Steueroptimierung,

Reparatur u. ä. vom Anlagenhersteller bezogen werden, geht beim technischen

Anlagenmanagement der gesamte Betrieb der Druckluftanlage in die Verantwortung des Anbieters über. Dieser verbessert mit der ihm eigenen Kompetenz die Abläufe bei der Erzeugung, Verteilung und ggf. Nutzung, allerdings ohne Abgabe eines Garantieversprechens. Der Contrator, also der Anbieter der Dienstleistung, deckt seine Aufwendungen und sein Risiko über eine Betreiberpauschale, die er auf der Basis meist kurzfristiger Vertragslaufzeiten vom Kunden (= Nutzer der Druckluftanlage) erhält. Durch die Professionalität des Contractors ist eine hohe technische Qualität der Drucklufterzeugung gewährleistet und damit auch die Grundlage für ein wirtschaftlichen Betrieb gegeben.

Ein darüber hinaus gehender spezieller Anreiz zum Energie- und Kostensparen besteht bei dieser Konstruktion nicht. Da die Nutzer an möglichst niedrigen Betreiberpauschalen interessiert sind, werden in der Regel besonders Aufwendungen für die energetische Optimierung nicht honoriert.

Das technische Anlagenmanagement ist für Betriebe interessant, die gerne über eine eigene Druckluftanlage verfügen wollen und sie auch finanzieren können, die jedoch nicht über die nötigen Fachkräfte verfügen, um die Anlage sachgerecht zu betreuen. Hierbei findet also lediglich ein „Outsourcing" der technischen Dienstleistung statt.

In manchen Fällen liegt eine genaue entgegengesetzte Situation vor: Ein Unternehmen möchte zwar den Betrieb der Druckluftanlage selbst übernehmen und ist dazu mit den eigenen Fachkräften auch in der Lage, kann sich jedoch nicht die Finanzierung der Anlage leisten. Diese Situation kann sich beispielsweise nach einem unvorhersehbaren Totalausfall der Anlage einstellen, wenn keine Mittel für Ersatzbeschaffung abgestellt wurden. In derartigen Fällen kann Finanzierungs-Contracting eine Lösung sein.

Technisches Anlagenmanagement

Vorzüge und Nachteile aus der Perspektive des Druckluftanwenders

	Vorteile	⟺	Nachteile
Kapitalaufwand			**hoch**
Benötigtes Know-how im eigenen Betrieb	**gering**		
Qualifizierungsaufwand	**gering**		
Aufwand für Wartung/Instandhaltung/Reparaturen	**gering**		
Abhängigkeit von Extern			**hoch**
Aufwand für Abstimmung und Kommunikation		**mäßig**	
Versorgungssicherheit	**relativ hoch**		
Qualitätsgarantie	**relativ hoch**		
Kostentransparenz	**hoch**		
Kapital Bindung (Zeitdauer)	**kurz**		
Anreiz zum Energiesparen			**eher gering**

Tabelle 5: Technisches Anlagenmanagement

5.5 Finanzierungs-Contracting

Das Finanzierungs-Contracting (oftmals auch als Third – Party – Financing oder Anlagenbau-Leasing bezeichnet) ist gekennzeichnet durch die Investitions- und Finanzierungsentlastung des Kunden sowie durch eine auf die Belange des Nutzer optimierte und von kompetenter Seite ausgeführte Anlagenstellung. Der Contrator ist daher in der Regel ein Unternehmen des Anlagenbaus, welches neben der Lieferung und Errichtung der technischen Anlage gleichzeitig die Finanzierung übernimmt, oder ein Unternehmen der Finanzwirtschaft, welches lediglich für die Finanzierung einer anderweitig bezogenen Anlage eingebunden wird.

Die Verantwortung für den Betrieb der Druckluftanlage liegt bei dieser Contracting-Variante beim Kunden selbst. Der Kunde trägt auch das technische und wirtschaftliche Risiko des Anlagenbetriebs, kann dieses aber natürlich über Wartungsverträge

u. ä. wiederum auf Dritte verlagern. Der Contractor finanziert sich aus regelmäßig vom Kunden zu zahlende Contracting-Raten, deren Höhe, ähnlich wie bei Leasing-Verträgen, von der Vertragslaufzeit abhängt. Je langfristiger die Verträge abgeschlossen werden, desto niedrigere Contracting-Raten können vereinbart werden. Diese Contracting-Variante findet in der Praxis nur seltene Anwendung. Für diejenigen Betriebe, die weder die notwendige Liquidität für die Anschaffung einer eigenen Druckluftanlage aufbringen können oder wollen, noch sich um den Betrieb der Anlage kümmern möchten, ist dann das Energieliefer-Contracting eine interessante Alternative, welches quasi eine Bündelung der Dienstleistungen aus technischen Anlagenmanagement und Finanzierungs-Contracting darstellt.

Finanzierungs- Contracting

Vorzüge und Nachteile aus der Perspektive des Druckluftanwenders

	Vorte e	⟺	Nachteile
Kapitalaufwand	**gering**		
Benötigtes Know-how im eigenen Betrieb			**hoch**
Qualifizierungsaufwand			**hoch**
Aufwand für Wartung/Instandhaltung/Reparaturen			**hoch**
Abhängigkeit von Extern	**niedrig**		
Aufwand für Abstimmung und Kommunikation			
Versorgungssicherheit		**In eigener Verantwortung**	
Qualitätsgarantie		**In eigener Verantwortung**	
Kostentransparenz		**mäßig**	
Kapital Bindung (Zeitdauer)			**Relativ hoch**
Anreiz zum Energiesparen			**eher gering**

Tabelle 6: Finanzierungs-Contracting

5.6 Energieliefer-Contracting

Das Energieliefer-Contracting (auch als Anlagen-Contracting oder Nutzenergielieferung bezeichnet) ist eigentlich die „klassische“ Contracting-Form, die sich am Markt auch als die erfolgreichste Variante durchgesetzt hat (über 90 % aller Contracting-Verträge). Hierbei kauft das Druckluft benötigende Unternehmen die gesamte benötigte Energiedienstleistung „Druckluft“ von Externen ein. Der Kunde braucht sich weder um die Finanzierung der Anlage noch um deren Betrieb zu kümmern, sondern vereinbart mit einem Contractor die Abnahme einer gewissen Menge Druckluft einer gewissen Qualität zu Preisen, die auf die Dienstleistungseinheit bezogen sind (in der Regel Euro pro m^3 Druckluft). Die Preise setzen sich meistens, analog zum Strombezug, aus Grundpreis und Arbeitspreis zusammen. Der Contractor refinanziert sich aus der Bereitstellung der Druckluftanlagen (Finanzierung und Betrieb), die sein Eigentum bleiben, auch wenn sie im Unternehmen des Kunden errichtet werden (Grundpreiskomponente), sowie aus dem Verkauf von Druckluft (Arbeitspreiskomponente). Die Lieferverträge sind meistens langfristig angelegt (6 bis 12 Jahre), um niedrige Druckluftpreise anbieten zu können. Für den Nutzer besteht in diesem Modell einerseits eine hohe Kostentransparenz und andererseits auch ein direkter Anreiz zum sparsamen Umgang mit der Druckluft: Jeder vermiedene Kubikmeter Druckluft bedeutet direkt vermiedene und kalkulierbare Kosten. Energieliefer-Contracting ist übrigens nicht erst dann attraktiv, wenn eine größere Sanierung oder die Neuanschaffung einer Druckluftanlage ins Haus steht. Auch ein Betrieb, dessen Druckluftanlage noch funktionstüchtig ist, kann durchaus Interesse daran haben, die Verantwortung für die Druckluft komplett abzugeben und in Zukunft nur noch die Dienstleistung „Druckluft“ zu beziehen. Dann übernimmt der Contractor die betreffende Anlage vom Kunden zu einem vereinbarten Restbuchwert und liefert aus dieser, nunmehr vom Contractor betriebene und ggf. sanierte Anlage, die benötigten Druckluftmengen. Die Preise setzen sich wieder aus Grund- und Arbeitspreis zusammen. Wobei der Restwert, der vom Contractor übernommenen Anlage in diese Preise eingerechnet wird. Der Kunde bekommt also beim Abschluss des Vertrages für seine Anlage kein Geld, sondern erhält für die Dauer des Contracting-Verhältnisses verbilligte Druckluftpreise. Durch die spezielle Preiskonstruktion beim Energieliefer-Contracting ist gewährleistet, dass der Contractor aus eigenem wirtschaftlichen Interesse die Druckluft so energie- und kosteneffizient wie möglich erzeugt, damit er seine Margen realisieren kann. Allerdings gilt dies nur bis zum vertraglich vereinbarten Punkt der

Druckluftabgabe. Erfolgt die Abgabe bereits direkt hinter der Kompressor- und Aufbereitungsstation, so besteht für den Contractor keinerlei Anreiz, sich um eine effiziente Verteilung der Druckluft bis zum Nutzer zu bemühen. Leckageverluste beispielsweise, die erfahrungsgemäß die größten Einsparpotenziale aufweisen, sind dann allein das Problem des Kunden. Will der Kunde sicherstellen, dass auch das Leitungsnetz in die Verantwortung des Contractors übergeht, so muss dies vertraglich vereinbart werden und die Messung der abgenommenen Druckluft an den Nutzungsorten erfolgen. Dies verursacht die Notwendigkeit von Messeinrichtungen. Damit wäre eine energiesparende Druckluftbereitstellung weitestgehend sichergestellt. Eine weitere Möglichkeit, die Energieeinsparung bei der Druckluftbereitstellung zu gewährleisten, besteht darin, sich per Vertrag eine „Energieverbrauchsgarantie“ geben zu lassen: Der Contractor verpflichtet sich dabei, einen vereinbarten Energieverbrauch für die Druckluftbereitstellung nicht zu überschreiten. Damit besteht für den Contractor ein Anreiz, sich auch um die Optimierung der Verteilung und Nutzung zu bemühen, um seine „Effizienzgarantie“ einhalten zu können. Einen völlig anderen Ansatz der Druckluftbereitstellung, bei der die Energieeinsparung ganz im Vordergrund steht, stellt das Einspar-Contracting dar.

Energieliefer- Contracting

Vorzüge und Nachteile aus der Perspektive des Druckluftanwenders

	Vorteile	⟺	Nachteil
Kapitalaufwand	**gering**		
Benötigtes Know-how im eigenen Betrieb	**gering**		
Qualifizierungsaufwand	**gering**		
Aufwand für Wartung/Instandhaltung/Reparaturen	**gering**		
Abhängigkeit von Extern		**hoch**	
Aufwand für Abstimmung und Kommunikation		**maßig**	
Versorgungssicherheit	**hoch**		
Qualitätsgarantie	**hoch**		
Kostentransparenz	**Relative hoch**		
Kapital Bindung (Zeitdauer)			**hoch**
Anreiz zum Energiesparen	**hoch**		

Tabelle 7: Energieliefer- Contracting

5.7 Einspar-Contracting

Der Leitgedanke des Einspar-Contractings (auch als Energie-Einspar-Contracting oder Performance-Contracting bezeichnet) ist die Energieeinsparung und damit die Kostenreduktion, bezogen auf den bisherigen Zustand im Betrieb. Der typische Anwendungsfall sind Sanierungen oder Ersatz von Anlagen, die nicht mehr ganz den technischen oder wirtschaftlichen Anforderungen genügen, verbunden mit dem Wunsch des Betriebes, keine Investitionen tätigen zu müssen und zunächst auch keine Verantwortung für die Druckluftanlagen tragen zu müssen.
Die Ausgangssituation ist die gleiche wie beim Energieliefer-Contracting, doch besteht dazu ein grundsätzlicher Unterschied: Während dort der Contractor seine Kalkulation auf die üblicherweise zu erwartenden Kapital- und Betriebskosten der von ihm betriebenen Anlage aufbaut und es dem Kunden überlässt, wie viel Druckluft (und Energie) verbraucht wird, basiert die Rechnung hier auf der Differenz zwischen den bisherigen Druckluftkosten des Kunden und den zu erwartenden Kosten nach der Übernahme durch den Contractor. Der Contractor ist in diesem Fall bemüht, zunächst Energie- und Kosteneinsparpotenziale zu identifizieren und diese dann mittels eines intelligenten Energiekonzepts zu erschließen. Dabei bleibt es dem Contractor überlassen, ob die Einsparungen durch investive, organisatorische, technische oder sonstige Maßnahmen erzielt werden, solange der Eingriff in die Betriebsabläufe beim Kunden innerhalb vereinbarter Grenzen bleibt.
Der Contractor übernimmt verantwortlich den Betrieb bestehender Anlagentechnik, investiert ggf. ergänzend in neue Anlagenkomponenten (hauptsächlich Mess-, Steuer- und Regeltechnik, evtl. Prozessleittechnik bei Einbindung in eingesamtbetriebliches Energiemanagement), optimiert die Abläufe bei der Drucklufterzeugung, -aufbereitung, -verteilung und -nutzung und gewährt schließlich dem Nutzer in Form eines Garantieversprechens Energie- und Kosteneinsparungen. Diese Einsparungen stellen für den Contractor auch die Refinanzierung und das Deckungsbeitragspotenzial seiner Investitionen sicher. Sofern der Nutzer nicht mit Vertragsbeginn an den finanziellen Einsparungen beteiligt wird, wirken sich die wirtschaftlichen Vorteile für ihn erst nach Ablauf der Vertragsdauer aus. Dann geht die Anlage mitsamt den energiesparenden Komponenten in den Besitz und die Verantwortung des Kunden über, der dann – sachgemäßen Betrieb vorausgesetzt – auch in den vollen Genuss der gesunkenen Energiekosten kommt.

In Abbildung 2 wird das Grundprinzip des Einspar-Contractings skizziert. Abschließend sei angemerkt, dass die Grundidee des Einspar-Contracting zwar bestechend plausibel klingt, es sich in der Praxis jedoch häufig als recht konfliktträchtig erwiesen hat. Durch die Refinanzierung der Einsparmaßnahmen aus den Einsparungen ist ein prinzipielles Problem gegeben: Die Einsparungen müssen vorab auf der Basis von Schätzungen und Prognosen bestimmt werden, um als Vertragsgrundlage dienen zu können. Die vorausschauende Quantifizierung der Einsparungen stellt gleichzeitig mit der Einigung auf eine „Baseline", auf welche die Einsparungen bezogen werden müssen, eine der größten Schwierigkeiten dar. Weiterhin müssen mögliche zukünftige Nutzungsänderungen, die Einfluss auf die Einsparungen haben könnten, vorab vertraglich geregelt werden. Zum Beispiel Erweiterungen des Versorgungsnetzes durch Ausweitung der Produktion und betriebsbedingte Änderung des Druckniveaus durch Produktionsumstellungen. Ein wichtiger Aspekt, der häufig gegen Einspar-Contracting ins Feld geführt wird, ist auch das so genannte „Rosinenpicken": Um die Refinanzierung ihrer Aufwendungen aus den eingesparten Energiekosten zu sichern, setzen einige Contractoren auf einige wenige kostenwirksame Maßnahmen (v. a. Optimierung der Energiebezugskonditionen), ohne sich um die gesamtenergetische Optimierung zu bemühen. Bei der Vertragsgestaltung sollte daher darauf geachtet werden, dass auch Maßnahmen mit einer scheinbar geringeren Rentabilität in das „Contracting- Paket" aufgenommen werden, um wirklich das Maximum an Effizienz und langfristiger Kostensenkung zu realisieren. Viele Betriebe kapitulieren angesichts dieser Unwägbarkeiten und nehmen lieber Zuflucht zu weniger komplexen Dienstleistungsangeboten oder zum „Insourcing". Der Markt spiegelt diese Vorbehalte wieder: Von allen Contracting- Verträgen macht Einspar- Contracting nur etwa 6 %aus. Dennoch soll hier nicht vom Einspar- Contracting abgeraten werden. In zahlreichen Fällen funktioniert es hervorragend zur beiderseitigen Zufriedenheit von Kunde und Dienstleistungsanbieter. Gute Voraussetzungen für Einspar- Contracting sind dort gegeben, wo genügend hohe Einsparpotenziale vorliegen, wo ein hinreichendes, aber nicht unüberschaubares Vertragswerk den Umgang mit Unvorhersehbarem regelt, und wo zudem ein Klima gegenseitigen Vertrauens zwischen Kunde und Contractor herrscht, in welchem es möglich ist, Unwägbarkeiten und Krisensituationen einigermaßen konfliktfrei zu regeln.

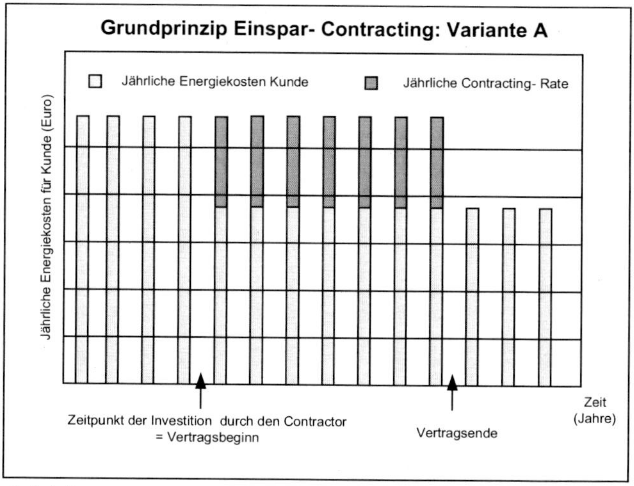

Variante A:
Nach der Übernahme des Betriebs der Druckluftanlage durch den Contractor (welches gleichzeitig der Vertragsbeginn ist), bleibt zunächst alles gleich: Die eingesparten Energiekosten gehen in voller Höhe als Contracting- Rate an den Contractor zur Refinanzierung seiner Aufwendungen. Erst nach Ablauf des Vertrages kommt der Kunde in den Genuß gesunkener Energiekosten, wobei gleichzeitig auch die Verantwortung für die Druckluftanlage wieder auf ihn übergeht.

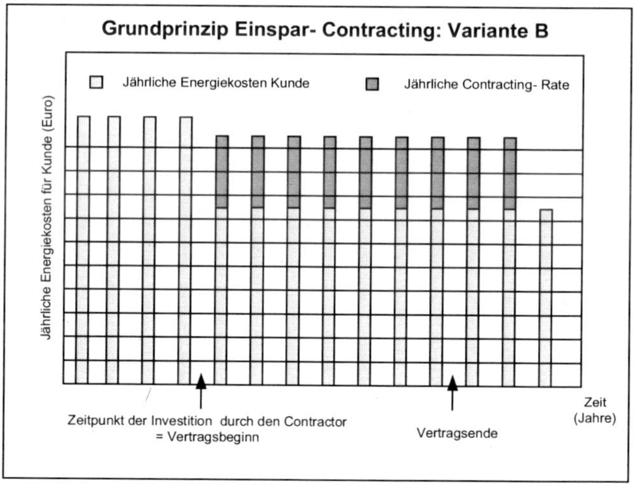

Variante B:
Nach der Übernahme des Betriebes der Druckluftanlage durch den Contractor vermindern sich die jährlichen Energiekosten beim Kunden sofort um einen gewissen Wert. Der verbleibende (meist größere) Differenzbetrag zu den ehemaligen Energiekosten geht als Contracting Rate an den Contractor (sog. „Shared Savings"-Modell). Da dieser nun aufgrund niedrigeren Raten länger braucht, um seine Aufwendungen zu refinanzieren, verlängert sich die Vertragslaufzeit. Volle Kosteneinsparung und Gefahrenübergang ebenfalls nach Ablauf des Vertrages.

Abbildung 2: Grundprinzip Einspar- Contracting Variante A + B

Einspar- Contracting

Vorzüge und Nachteile aus der Perspektive des Druckluftanwenders

	Vorteile	⟺	Nachte e
Kapitalaufwand	**gering**		
Benötigtes Know-how im eigenen Betrieb	**gering**		
Qualifizierungsaufwand	**gering**		
Aufwand für War- tung/Instandhaltung/Reparaturen	**gering**		
Abhängigkeit von Extern			**hoch**
Aufwand für Abstimmung und Kom- munikation			**Relative hoch**
Versorgungssicherheit	**hoch**		
Qualitätsgarantie	**hoch**		
Kostentransparenz		mäßig	
Kapital Bindung (Zeitdauer)			**hoch**
Anreiz zum Energiesparen	**vorhanden**		

Tabelle 8: Einspar- Contracting

5.8 Vergleich der versch. Finanzierungs- und Betreibermodellen

Leitfrage	Druckluft-System in Eigentum des Unternehmens	Miete von Druckluft-Anlage	Technisches Anlagen-Management	Finanzierungs-Contracting	Energielieferungs-Contracting	Einspar-Contracting
Sind Investitionsmittel für Sanierung oder Neuanschaffung vorhanden?						
Ja	+	o	+	-	+	+
Teilweise	o	+	o	+	+	+
Nein	o	+	o	+	+	+
Ist technische Kompetenz für die Betreuung der Druck-Anlage im Unternehmen vorhanden?						
Ja, vollständig	+	+	-	+	-	-
teilweise	o	o	+	+	o	o
Nein	-	o	+	+	+	+
Wie hoch ist das finanzielle Risiko durch Ausfall der Druckluftanlage?						
Hoch	o	o	o	+	+	+
Eher gering	+	+	+	+	+	+
Welche Bedeutung hat eine vollständige Kostentransparenz bei Druckluft?						
sehr wichtig	o	o	o	o	+	+
weniger wichtig	+	+	+	+	+	+
Wie wichtig ist der ständige Anreiz zum energieeffizienten und wirtschaftlichen Betrieb der Druckluftanlage?						
sehr wichtig	o	o	o	o	+	+
weniger wichtig	+	+	+	+	+	+

Welche Bindungsdauer (Kapital, Dienstleitungsverträge) wird akzeptiert?						
eher kurz (1-3 J.)	-	o	-	-	-	-
mittelfristig (3-7 J.)	-	-	o	o	+	o
lang (>7 Jahre)	+	-	+	+	+	+
Wie stehen Sie zu einer Kooperation mit externen Druckluft-Anbieten (Outsourcing)?						
Ja, gerne	-	+	+	+	+	+
Ja, mit Einschränkungen	o	+	o	+	o	o
Nein, lieber nicht	+	o	-	+	-	-
Bedeutung der Symbole:	**+ geeignet** **o bedingt geeignet** **- ungeeignet bzw. nicht sinnvoll**					

Tabelle 9: Vergleich der Betreiber- und Finanzmodelle

6 Zusammenfassung: Contracting als Win-Win Situation

6.1 Vorteile für den Kunden (Contracting-Nehmer)

Der Kunde erreicht durch das Contracting eine Energie- und Kostenersparnis. Der Contractor erstellt ein auf den tatsächlichen Bedarf ausgerichtetes Konzept zur Energie- und Medienversorgung und bietet ganzheitliches Technisches Anlagenmanagement.

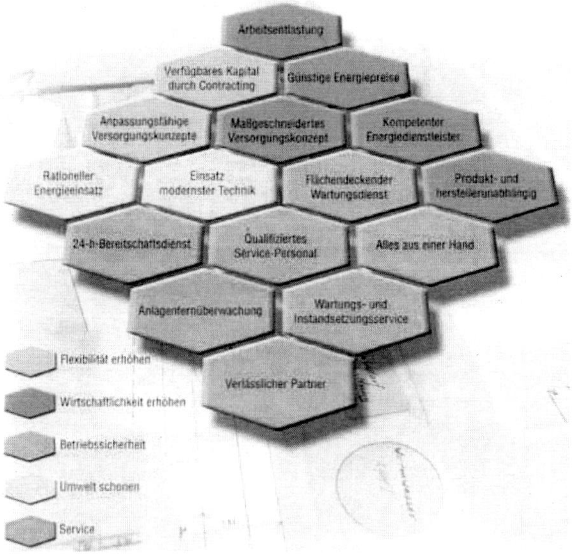

Die Übernahmen der vollen Verantwortung für die technischen Anlagen in Immobilien und Liegenschaften, sowie das Technische Anlagenmanagement von den Contractoren umfasst ein breites, in sich abgestimmtes Spektrum technisch bezogener Dienstleistungen. Hierzu gehören Bedienung, Wartung, Inspektion, Instandsetzung, kontinuierliches Optimieren und Energiemanagement. Überkapazitäten und ineffiziente Schnittstellen können so vermieden, Verbrauchsmengen und Betriebskosten gesenkt werden.

Des Weiteren bekommt der Contracting-Nehmer eine komplette Ausgabenkontrolle. Durch die Lieferung aller erforderlichen Energien, wie Wärme, Kälte, Luft, Strom und Wasser, zu fixen Grundpreisen und variablen, an die Entwicklung der Primärenergiepreise gekoppelten Arbeitspreisen. Diese Preise geben dem Kunden in langfristigen Verträgen von zehn bis 20 Jahren Sicherheit für seine Budgetplanung. Somit kann ein Risiko ausgeschlossen werden, da bereits alle Leistungen zur Bereitstellung der Nutzenergien und Medien im vertraglich geregelten Lieferpreis enthalten sind, gibt es keine Kostenrisiken für den Kunden.

Der Contractor übernimmt technische Anlagen in die eigene betriebliche Verantwortung und garantiert deren Effizienz und einwandfreien Betrieb. Der Anlagenbetrieb wird durch qualifiziertes Personal fortlaufend überwacht und optimiert und gewährleistet somit die Betriebs- und Funktionsbereitschaft, reduziert Störungen und vermeidet Ausfälle der Technischen Anlagen. Dabei werden alle gesetzlichen Auflagen und Normen berücksichtigt und somit wird eine Rechtssicherheit für die gesamte Lebensdauer der Anlagen geboten.

Weiterhin erlangt der Kunde eine optimale Versorgungssicherheit, da die benötigte Nutzenergie nicht nur der Gebäudetechnik, sondern auch für Produktionszwecke zum gewünschten Zeitpunkt in optimaler Menge und Qualität zur Verfügung steht. Die vom Kunden abgenommene Nutzenergie wird durch ein Messkonzept kontinuierlich erfasst und nachgewiesen. Das ermöglicht Transparenz in der Abrechnung, Kontrolle im Verbrauch und übersichtliche Darstellung der Kosten im jeweiligen Abnehmerbereich. Der Kunde verringert seinen Energiebedarf und damit seine Emissionen. So schont er die Umwelt sowie wichtige Ressourcen, was in heutiger Zeit ein sehr wichtiger Punkt ist, da über diesen Weg Geld eingespart werden kann und zwar über einen geringeren Energieverbrauch und über Fördermittel, ohne die solche Projekte noch nicht umgesetzt werden könnten, da nur mit ihnen eine schelle und vor allem eine sichtbare Effizienz für die Kunden machbar ist. Hierbei werden die Energieverbraucher Gewerke übergreifend analysiert und Einsparpotenziale ermittelt. Der Contractor plant wirtschaftliche Maßnahmen und weist die Rentabilität nach. Der Kunde erhält so die Sicherheit eines sehr kostengünstigen und Ressourcenschonenden Anlagenbetriebs.

Natürlich gibt es noch zusätzliche Services die heute von den Marktteilnehmern angeboten werden.

- Dokumentation
- Pflege von Bestandsunterlagen, Betriebsprotokollen und Verbrauchsdaten
- Prüfungen
- Wiederkehrende Prüfungen von Anlagenkomponenten und Geräten
- Abrechnungen
- Erfassen von Verbräuchen, Ermitteln und Zuordnen von Betriebs- und Verbrauchskosten

6.2 Vorteile für den Contractor

Seiten des Contractors gibt es ebenfalls mehrere Gründe Contracting in das Angebot aufzunehmen. In diesem Fall spielt es keine Rolle wer Contracting Anbieter, sei es ein Wärmeversorger, ein Planungsbüro, oder ein Anlagenbauer, eine neues Geschäftsfeld wird hier in jeder Brache entstehen.

Dieses neue Geschäftsfeld hat für den Contractor Auswirkung auf seine Auftragslage und die Mitarbeiter, denn beides wird hier erhöht bzw. gesteigert.

Ein weiterer entscheidender Vorteil von Contracting liegt in der Möglichkeit des Aufbaus langfristiger kommerzieller Beziehungen zu den Kunden. Während heute in vielen Branchen Verträge kurzfristig gekündigt werden können, haben Contractingverträge den Vorteil, dass sie oft so vermarktet werden können, dass die Kunden längere Vertragsdauern akzeptieren und so für einen längeren Zeitraum gebunden werden können.
Hier spielt Marketing und Vertrieb eine entscheidende Rolle. Die „Produktion" wird in diesem Fall quasi zum „Zulieferer" des Marketings, da es entscheidend sein wird, Beziehungen zu den Contracting-Nehmern aufzubauen. Bespiel hierfür ist das Anlagen-Contracting bei dem Vertragslaufzeiten von 10 bis 15 Jahren möglich sind. Diese eben genannten langen Laufzeiten ermöglichen eine entsprechende Kundenbindung, die u.a. auch für die Entwicklung oder Neugestaltung weitere Diensleistungs-, etc. Angebote im Dialog mit dem Kunden genutzt werden Kann.

Ein weiterer Vorteil ist die Verbesserung der Kundenbindung durch Verlängerung der Wertschöpfungskette die in machen Brachen mehr oder weniger vorhanden sein kann und somit den Contractor zu einem Komplettanbieter umfunktionieren und somit den Kunden voll und ganz zufrieden stellen. Von strategischer Bedeutung ist auch die gesellschaftliche Veränderung. Der Wandel von einem Besitzbedürfnis hin zu einem des Zugangs führt über lang oder kurz dazu, dass Eigentum an Bedeutung verlieren wird.

Eine weitere Wandlung ist die hin zu einem energiebewussteren Denken der Gesellschaft, das durch den Staat und seine Kampagnen bzw. Unterstützungen noch bestärkt werden wird.

7 Quellenverzeichnis

(1) Bosch, Michael
Vorlesungsskript „Vertragsmanagement“ im Wintersemester 2006/2007

(2) Bundesverband Privatwirtschaftlicher Energie-Contracting-Unternehmen e.V. (PECU). Online im Internet.
URL: http://www.pecu.de [21.08.2006]

(3) C. Dudda, P. Radgen, J. Schmidt.
Contracting – Finanzierung – Betreibermodelle
Druckluft effizient, Juni 2004, 26 Seiten

(4) Depenbrock, Franz Hermann und Dr. Vogler, Oskar
Honorarordnung für Architekten und Ingenieure - 2. überarb. Auflage, Köln
Verlag Bundesanzeiger, 2002

(5) Deutsche Energie-Agentur GmbH
Arbeitshilfen für die Vorbereitung und Durchführung von Energiespar-Contracting
Leitfaden Energiespar-Contracting, 3. Auflage 2003, 154 Seiten

(6) Gräber, Martin
Solides Wachstum im Contracting
Der Facility Manager, September 2006, Heft 9, 74 Seiten

(7) Verlag Moderne Industrie GmbH. Online im Internet.
URL: http://www.fluid.de/news [03.01.2007]

(8) Verlag Moderne Industrie GmbH. Online im Internet.
URL: http://www.konstruktion.de [15.08.2006]

(9) Wikimedia Foundation Inc., USA. Online im Internet.
URL: http://de.wikipedia.org/wiki/Verdichter [13.11.2006]